# HISTOIRE

## ABRÉGÉE

## DE LA VIE

## DE FRANÇOIS DE BONNE,

## DUC DE LESDIGUIERES,

PAIR ET DERNIER CONNÉTABLE DE FRANCE ;

PAR J. C. MARTIN, de Grenoble.

ON a joint à cette Histoire celle du Chevalier *BAYARD* ; une Notice sur *VAUCANSON*, *MABLY*, *CONDILLAC*, etc.

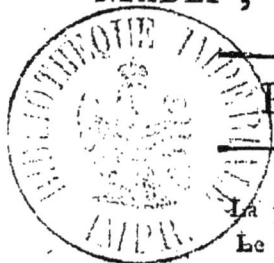

Prix, 3 francs, broché.

La paraissaient Givri, Noailles et Feuquières ;
Le malheureux de Nesle et l'heureux Lesdiguières:

Henr. de VOLT.

*A GRENOBLE,*

De l'Imprimerie de DAVID *cadet*, place de la Constitution.

An X de la République. ( 1802 ).

# PRÉFACE.

CETTE Histoire de la vie du Connétable de Lesdiguières, est une analyse fidelle de celle de Louis Videl, secrétaire de cet illustre personnage. Louis Videl, en écrivant, se proposa à-peu-près la même tâche à remplir, que celle dont le loyal serviteur s'est si bien acquitté, lorsqu'il donna la vie intéressante de Pierre du Terrail, seigneur de Bayard.

Je n'ai point cherché à semer cet abrégé d'expressions brillantes et fleuries, la matière assez riche par elle-même n'avait pas besoin de ces légers et futiles ornemens ; j'ai plutôt tâché de me rapprocher du ton, de la simplicité franche et naïve de Plutarque. Que le Lecteur ne s'attende point à trouver ici ce luxe de faits étrangers qui noyent, pour ainsi dire, la grande histoire de Videl ; on a cherché, en élaguant les hors-d'œuvres, à rendre la narration succincte, en même tems, plus rapide.

L'histoire de Videl, quoique fort étendue, ( et malgré ses défauts ), n'est pas moins fort utile, curieuse à lire ; elle est devenue si rare, qu'on ne peut se la procurer qu'à grands frais ; c'est, en quelque sorte, afin de me rendre utile au plus grand nombre des Lecteurs qui désiraient, depuis long-tems, avoir une idée un peu satisfaisante du célèbre Connétable de Lesdiguières, que je me suis déterminé à livrer mon manuscrit à l'impression.

HISTOIRE

LE SDIGUIERES

# HISTOIRE

## *ABRÉGÉE*

## DE LA VIE

## DU CONNÉTABLE

## DE LESDIGUIERES.

### *Éloge du ci-devant Dauphiné.*

JE me propose de rappeler à la mémoire présente, l'abrégé de la vie et des actions d'un des plus grands guerriers dont la province s'honore ; de cet homme qui, par les dons réunis de l'esprit et du corps, par sa valeur, sa prudence, sa grandeur d'ame; qui, par sa bonté et sa modération dans les victoires, fut, sous plusieurs rapports, comparable aux héros les plus vantés de la Grèce et de Rome. On ne peut à ces traits, sans doute légèrement esquissés, méconnaître l'illustre François de Bonne, duc de Lesdiguières, pair et dernier connétable, sous Louis XIII.

Le Dauphiné, province naguères de France, aujourd'hui divisé en plusieurs départemens, frontière d'Italie, d'une médiocre étendue, mais fort estimé, jouit de tous les avantages qui font, d'ordinaire, rechercher les autres pays. Sa situation, presqu'au milieu de la terre, entre le 44. et le 46e. degré, lui donne une température très-saine. Les habitans y respirent un air pur, dégagé de vapeurs méphytiques, sont assez bien constitués ; arrivent à une grande vieillesse.

Une partie du territoire Dauphinois s'étend en plaines, l'autre en montagnes qui offrent à la vue des amateurs, les sites les plus rians, les plus pittoresques. Elle produit avec abondance tout ce qui sert à entretenir la vie, à faire couler des jours doux et sereins; ses fleuves, ses forêts, ses lacs, les autres portions de la riche nature en font un séjour enchanté. Si la fertilité n'est point égale par-tout, l'absence des choses utiles est du moins rachetée par la production des agréables. Je ne parlerai point des Sept Merveilles du Dauphiné, de ces jeux ou caprices de la nature ; l'avantage dont la province se glorifiait le plus, est la valeur de son peuple, sur-tout de sa noblesse, que l'antiquité nous présente comme la plus brave de l'univers.

Annibal, allant à Rome, n'eut rien en son passage de si difficile à surmonter, que la résistance de ce peuple ; et le capitaine romain qui le soumit à l'empire, se crut très-honoré d'en porter le surnom. Quant à la noblesse, elle a donné, dans une infinité de lieux, des preuves du plus ardent courage; elle a fourni des grands maîtres à l'ordre du Temple, à celui de Malthe ; elle a produit le fameux Bayard, chevalier sans peur et sans reproche, les vaillans Boutière, Molard, d'Ars, Montoison, Capdorat, le Gua, le baron des

Adrets, Montbrun, une foule d'autres guerriers dont les noms se lisent dans l'histoire du Dauphiné ; enfin, le connétable de Lesdiguières, qui descend d'une longue suite d'aïeux illustres, ce qui sera bientôt démontré.

La maison de Bonne, connue en Dauphiné dès l'an 1250, eut des charges importantes à la cour des Dauphins, y jouit d'une grande considération ; on pense, en remontant plus haut, qu'elle sort d'Allemagne, où plusieurs de cette famille, attachés aux mêmes Dauphins, les suivirent dans ce pays. La ville de Bonne en Savoie, en conservait les armes. L'histoire romaine rapporte que l'empereur Justinien, pour s'opposer aux incursions des Abares ( peuple de Scythie ), sur le point de traverser le Danube et de porter la guerre en Allemagne, ordonna à un nommé Bonus, chef des troupes mercénaires et domestiques, de border ce fleuve. On conjecture que les descendans de ce Bonus, ou peut-être que lui-même, aient fait bâtir la ville de Bonne. Une grosse bague d'argent où les armes de cette maison étaient nettement gravées, ayant été trouvée dans un canal qui traverse un des quartiers de Grenoble, fut portée à Lesdiguières, et réputée par les antiquaires, un de ces anneaux qui servaient autrefois de cachet.

La maison de Bonne, une des plus distinguées, honorées du Dauphiné, déchut de sa splendeur depuis qu'un aïeul de notre héros eut un démêlé avec l'évêque de Gap, son voisin. Cet homme orgueilleux se crut offensé de ce qu'il chassait sur ses terres, et malgré une entrevue

ménagée au château de Laye, qui lui apparte-
nait, il brava ce gentilhomme qui, furieux d'un
pareil procédé, le saisit au collet, le fit même
sauter par la fenêtre; comme elle n'était pas fort
haute, la chute devint moins dangereuse. Le prélat porta ses plaintes au St.-Siége; le gentilhomme fut condamné, dépouillé de la plupart de ses
biens et éloigné de son pays, où il ne revint
qu'après avoir, pendant son exil, rendu à la
France des services importans. Les biens seuls conservés intacts, du côté des femmes, consistaient
en la terre de Lesdiguières, en une partie de
celle de St.-Bonnet, dans le Champsaur, vallée
du Dauphiné; Lesdiguières prit le nom de la
première, la dernière fut le lieu de sa naissance.

Il naquit donc à St.-Bonnet en Champsaur, dans
la maison paternelle, le 1er. avril 1543. Son père,
seigneur de Lesdiguières, Jean de Bonne, s'était
distingué en Italie, sous le règne de François Ier.;
Castellane, sa mère, sortait d'une des meilleures
maisons de Provence. Le Prieur d'Herbeys, son
parent du côté paternel, le porta sur les fonds
baptismaux, où il reçut le nom de François. Par-
venu à l'âge d'être instruit, on le confia à un
précepteur qui fut aidé de l'abbé de St.-André-lès-
Avignon et du prieur de Mane, ses frères; le
premier, n'ayant pas de parens plus proches à qui
il put donner son bien, fournit à sa mère de quoi
le tenir au collége, où il le fit conduire, accompagné de son précepteur.

Le jour où Lesdiguières vint au monde, le
bourg de St.-Bonnet essuye un grand embrase-
ment qui se renouvele même le jour de sa mort.

Il eut cela de semblable avec Alexandre-le-Grand, à la naissance duquel le temple de Diane d'Éphèse fut brûlé. Lesdiguières annonça de bonne heure son inclination pour les armes : on le vit se faire capitaine des enfans de son village, les armer de bâtons, former entr'eux des partis. Plus d'une fois, cette troupe sémillante perdit de vue la feinte, se fit une guerre cruelle, à-peu-près comme les jeunes gens de notre tems, que l'on voit quelquefois se rassembler près des remparts de la commune de Grenoble, et qui, à certaines distances, se poursuivent avec vigueur, ensanglantent souvent le champ de bataille. Les mères éplorées, incapables de mettre un frein à l'ardeur martiale de leurs fils, supplièrent enfin la mère de Lesdiguières de le retenir au logis. On raconte encore qu'à Avignon, le tambour de la garnison lui plaisait plus que le son de la cloche du collège. Lesdiguières, doué d'un jugement fort sain, étudie l'histoire, embrasse le parti de la réforme, dont son précepteur lui fait sucer de bonne heure les maximes; il a même assez de crédit sur l'esprit de sa mère, pour la déterminer à changer de culte. Après avoir fini ses humanités à Avignon, il continue ses études à Paris, s'y fait lire le droit, dans l'intention de complaire à son oncle qui le destine à la robe, contribue, par cet espoir, à son entretien. Cet oncle étant mort, Lesdiguières, hors d'état de pouvoir subsister avec les sept cents livres de rente de sa maison, se voit contraint de s'y retirer, change de dessein, embrasse le parti de l'épée. Il disait à sa mère, *qu'encore qu'un gentilhomme reçoive un* notable avantage des lettres, et qu'elles lui apportent un grand ornement, sa vraie profession est celle des armes, par lesquelles il se montre digne de sa naissance : il sert sa patrie, et s'ouvre le chemin qui conduit aux plus grands honneurs. Il renonçe aux livres, sans en perdre pour cela l'amour ; Souffrey de Calignon, chancelier de Navarre et grand homme, lui dressa une bibliothèque curiéuse. Lesdiguières ne perd point le tems qu'il peut employer à la lecture, et dit souvent que la principale obligation qu'il a à sa mère, est celle de son éducation. Le succès fit voir qu'elle contribua fort à l'avancement de sa fortune.

Gordes étant lieutenant du Roi en Dauphiné, Lesdiguières, âgé de 19 ans, demande une place dans sa compagnie ; il y est reçu archercouplé, avec Abel de Loras, gentilhomme d'une de plus anciennes maisons de la province. Gordes, content de la bonne conduite de Lesdiguières, le retint auprès de sa personne. *Voyez-vous Lesdiguières*, disait-il, *je serai fort trompé, s'il n'est un jour un grand homme : il est sage, il est vaillant, et sert en toute chose son homme bien né* ; il ajoutait : *si nous avons la guerre avec les huguenots, il est pour nous donner bien de la peine.*

Les troubles de France, occasionnés par l'édit de Charles IX, de 1561, semblaient être à leur terme ; mais à peine est-il renouvelé, que la religion fait prendre les armes aux deux partis. Lesdiguières prend congé de Gordes, se range sous Furmeyer, gentilhomme Dauphinois, qui entreprend, sous Montbrun, la défense des protestans.

Lesdiguières devient enseigne-colonel du régiment de Furmeyer ; ne tarde pas de montrer sa valeur au siége de Sisteron ; Beaujeu le remarque dans la défense d'une brêche, et dit : *Voilà un gentilhomme qui fait des merveilles ; il y a demi-heure qu'il combat en cet endroit-là de pied ferme ; s'il vit, il fera parler de lui ;* et quelques heures après, à Furmeyer : *votre enseigne a triomphé aujourd'hui, vous devez bien l'aimer, car il vous fait bien de l'honneur.* Furmeyer et Lesdiguières retirés en Dauphiné afin de secourir les protestans assiégés par les catholiques, éprouvent de très-grandes difficultés. (An 1563). Le conseiller Ponat, le capitaine la Coche que le baron des Adrets avait laissés à Grenoble, y étaient assiégés par les comtes de Suze et de Maugiron, avec six mille hommes de pied et un peu de cavalerie, lorsque Furmeyer, qu'un nouveau dessein, amene près de Valence, apprend qu'ils manquent de vivres, se détermine à les secourir, s'avance vers Sassenage, à la tête de sept cents hommes de pied, de cent et quelques chevaux. Lesdiguières marche à la tête des soldats perdus, tandis que Furmeyer se présente sur le bord du Drac. A peine veut-il le traverser, qu'il se voit à l'instant gardé par trois ou quatre cents chevaux et une forte artillerie ; plus loin, il découvre une embuscade dans un bois voisin, pour le prendre par derrière : Furmeyer feint d'avoir peur, de tourner le dos ; les ennemis s'empressent aussitôt de le suivre ; aussitôt il revient à eux, gaye le torrent, charge les premiers qu'il rencontre, en défait un grand nombre, chasse le reste jusque dans son camp, où l'alarme est si grande, que malgré la diligence des chefs, tout ce qui est dans le re-tranchement prend la fuite, ne se croit en su-reté que sur les frontières de Savoie. Lesdiguiè-res qui s'était déjà distingué, les bat jusqu'à Giè-re, où il acheve de les défaire. Furmeyer, fort content de lui, le fait, d'enseigne, guidon de sa compagnie de gendarmes, à la place de Lavil-lette, son neveu, qui mourut en cette occasion.

Furmeyer prend ensuite la route de Gap ; sur-prend Romette ; le gouverneur envoie sur-le-champ un puissant renfort ; c'en était fait de Furmeyer, si Lesdiguières, trois frères de la maison Champo-léon, seize gentilhommes ne s'y fussent opposés, ne l'eussent défait, en faisant rendre le château par composition. Deux jours après, ceux de Gap, jaloux de se venger de cette insulte, se répandent sur le chemin de Romette ; alors Furmeyer y dé-tache vingt maîtres avec Lesdiguières, qui, les ayant surpris, en défait le plus grand nombre ; poursuit l'autre partie, l'épée aux reins, près de la porte de Gap.

Un second édit de paix du même roi, Charles IX, fait retirer les deux partis ; ce palliatif ne guérit point la maladie du royaume ; les protestans Dauphi-nois reprennent bientôt les armes ; Furmeyer meurt par un lâche assassinat ; Romette est rendue aux catholiques ; pendant cette paix de si courte du-rée, Lesdiguières s'occupe de ses affaires domes-tiques ; comme sa mère avait perdu l'usage de la vue, ne pouvait y donner ses soins, il résolut, afin de la soulager dans son infirmité, d'épouser Clau-dine de Berenger, quatrième fille de Georges de

Gua, de l'une des plus illustres familles de Dauphiné, soit par les vaillans guerriers qu'elle a produits, soit par son origine qu'elle prenait des Be-
rengers d'Italie. Champoléon, Morges et Varces,
gentilshommes distingués, s'étaient unis aux autres, par les liens du mariage; Lesdiguières, leur
ami commun, qui en espérait beaucoup sous ce
rapport, se détermine avec la plus grande joie.
Les parens de Gua ne recherchaient point cette
alliance, parce que Lesdiguières n'avait que sept
à huit cent livres de rente; (An 1564) ; de Gua ayant
plus égard aux bonnes qualités de sa personne,
qu'à la médiocrité de sa fortune, lui donne sa
fille, et le chérit depuis très-tendrement. La mort
qui le surprend peu après, le prive du plaisir de
le voir si bien réussir. ( An 1565 ).

Les protestans de Champsaur continuent d'être
traversés par les catholiques de Gap ; comme
il leur importe d'avoir un chef valeureux et prudent à leur opposer, ils choisissent Lesdiguières.
Ses amis l'étant un jour venu voir à Saint-Bonnet, afin de se réjouir avec lui de son mariage,
ne pensaient qu'au jeu ; à la bonne chère,
mais ceux de Gap, qui avaient envie de
troubler la fête, viennent, au nombre de deux
cents, pour les surprendre de nuit. Lesdiguières
qui avait l'œil sur eux, ne se déconcerte point ;
choisit cinquante soldats qui vont à leur rencontre au village de Laye ; y dressent des embûches. Les Gapençais, le croyant dans sa maison, occupé à fêter ses amis, tombent dans le
piége ; une grande partie est défaite, l'autre
chassée au loin ; tout leur butin est pris, et

Lesdiguières revient apprendre à ses amis son succès. Un lieu de retraite leur était fort nécessaire afin de retenir les Gapençais, c'est pourquoi
ils s'emparent de Corp, bourg qui est à la
tête de leur vallée, du côté de Grenoble. De-
là, Lesdiguières secourt le Pont-Saint-Esprit,
ville du Languedoc ; défait Scipion, a une entrevue avec Acier à Usez, où il reçoit ses ordres pour aller en Guyenne, où les protestans
rassemblaient leurs forces. Les Dauphinois, commandés par Montbrun, partent ; Lesdiguières et
quelques gentilshommes accompagnent ce chef ;
vont tous joindre l'armée du prince de Condé,
leur chef général. Lorsqu'ils furent arrivés à Au-
beterre, Lesdiguières y fut accueilli par les princes du parti de la réforme, eut l'honneur d'être
appelé au conseil de guerre, de faire connaissance avec Henri IV, roi de Navarre,
qui, afin de lui témoigner son amitié, lui donne
un emploi important vers la Rochelle. Les Dauphinois se distinguent à la bataille de Mont-
Contour ; Montbrun, rassemble ceux qui lui
restent, revient en Dauphiné. Lesdiguières ne
quitte Henri IV qu'après lui avoir promis de
l'aller revoir lorsque les affaires le permettraient.
Les capitaines protestans du Dauphiné qui suivirent Montbrun, étaient Mirabel, nommé depuis Blacons, Lesdiguières, le Poët, Morges,
Champoléon, Bardonenche et Piegre. La paix ayant
fait désarmer l'un et l'autre parti, les principaux chefs protestans vont à Paris, assister au
mariage du roi de Navarre ; Lesdiguières quitte
Corp ; revoit Saint-Bonnet, qu'il embellit,

ainsi que la terre de Lesdiguières que ses prédécesseurs lui avaient laissée. Quelque tems après, il vient à Paris, à la solemnité des noces du roi de Navarre qui yappelait tous ses serviteurs, et en est fort caressé. Un jour qu'il revenait du Louvre, il fut salué par un vieillard joyeux de le voir ( ce vieillard était son précepteur ), qui, l'ayant mené chez lui, le pria de se mettre sur ses gardes, parce que les protestans étaient sur le point d'être égorgés, ce qui ne tarda pas à arriver, le jour de la fête de St.Barthelemi. Lesdiguières en avertit Henri IV; comme madame de Lesdiguières était tombée dans une maladie dangereuse, il prend congé du roi, et revient en Dauphiné. Il n'avait en sa maison d'autre exercice que la chasse, les bâtimens continués pendant son absence par sa femme, la plus vertueuse de son tems, qui, comme celle de Phocion, faisait consister en la personne de son mari sa principale richesse. L'hiver étant passé, la mort de l'amiral Coligni réchauffe les dissentions civiles; Lesdiguières, non content d'avoir pris Corp, s'empare d'Ambel, passe dans la Trieve, et loge à Mens. Beaumont, gentilhomme catholique, lui enlève Corp; celui-ci ne tarde pas d'être puni de sa témérité; Lesdiguières reprend Corp; Beaumont meurt dans cette affaire; les habitans sortis de Gap sont taillés en piéce, la garnison de Vif est défaite; il se saisit de la Mure, prend de force la maison de Beaumont et le château de la Roche dans le Gapençais.

La France change de maître, non de condition; les désordres civils la déchirent sous

Henri III, roi de Pologne, comme sous Charles IX. Livron, assiégé par l'armée royale, soutint plusieurs assauts ; l'artillerie avait emporté toutes les barricades, lorsque Montbrun se détermina à secourir cette place. Il y envoie Lesdiguières, comme celui qu'il croyait le plus propre à l'exécution d'un dessein si hardi. Lesdiguières, à la tête de cinquante braves, traverse le camp ennemi en plein jour, n'est reconnu qu'au signal qu'il donne aux assiégés ; on l'attaque sur-le-champ ; mais sa défense est si vigoureuse, qu'il pénétre jusques à la porte ; il entre dans la ville avec perte de deux hommes seulement, en sort la nuit, non sans courir de grands dangers. ( An 1575 ). Cette action hardie fait, peu de jours après, lever le siége ; car le secours que Lesdiguières avait conduit dans Livron, faisant désespérer les assiégeans d'en venir à bout, ils décampèrent en peu de tems. Lesdiguières assiége Châtillon dans le Diois; Gordes qui était à Die, accourt avec une forte armée ; Montbrun le suit, l'attaque trois fois ; la nuit seule termine leurs différens. Le combat ayant été engagé le lendemain, Montbrun en sort vainqueur ; sa victoire est même accrue de l'entière défaite de la compagnie d'arquebusiers à cheva de Valperques, par Lesdiguières, de celle d comte de Beynes, par Gouvernet et Bar.

Cependant, Gordes, enfermé dans Die, rassem ble toutes ses forces, celles de Dauphiné, de provinces circonvoisines, afin de le dégager. A pe de jours de-là, le Dauphiné, la Provence, l Lyonnais forment un gros de 1,200 lances, d 2,500 hommes de pied, de 400 arquebusiers

cheval

cheval, par Ourche et Rochefort. Lesdiguières n'était point d'avis de combattre ce secours ; Montbrun s'y opiniâtre, veut passer le pont de Mirabel. Lesdiguières s'apperçevant d'un désavantage réel, lui envoie un des siens, dans le dessein de l'en détourner ; tient ferme en attendant la réponse. Montbrun qui marchait, hélas! conduit par sa méchante étoile, la lui fait lui-même, lui dit avec un peu d'action : *passez, ou me laissez passer, Monsieur de Lesdiguières, où est le courage ?* Ce dernier mot lui dicte son devoir, il passe le pont, charge avec fureur l'ennemi, et son cheval est tué sous lui. Le capitaine Vialis, de Romette, l'ayant remonté, il se jette de nouveau dans la mêlée, renverse trois compagnies de gens de pied qui se trouvèrent sur son passage. Quoique Montbrun eût montré beaucoup de valeur, il fut contraint de se rendre à Ourche et à Rochefort, ses cousins. Il est mené à Crest, quelques jours après à Grenoble, où le Parlement, après lui avoir fait son procès, par ordre d'Henri III et de la Reine sa mère, le condamne à être décapité. Ce qui occasionna cet acte de rigueur, fut une réponse qu'il fit à une lettre du Roi et de la reine, à Livron, en ces termes : *Que les armes et le jeu rendaient les personnes égales.* Montbrun méritait un meilleur sort, il était valeureux et d'une probité singulière. Lesdiguières voyant qu'il n'y avait plus moyen de résister, sauve le reste de ses troupes à Pontaix, où les affaires de son parti ne permettant pas qu'il demeurât sans chef, il est presque d'un commun accord, désigné successeur de Montbrun. Lesdiguières s'y refuse,

B

parce que les principaux des protestans, retirés en divers endroits, avaient autant de partis qu'il y avait de personnes considérables. (An 1576). Dans cet intervalle, Lesdiguieres surprend Gap, se saisit de la ville, où les habitans, éveillés par le bruit, ne purent mieux faire que de se rendre à sa discrétion, et obtinrent qu'il n'y aurait point de désordre. L'évêque, son clergé, se voyant entre les mains de leurs ennemis naturels, aimèrent mieux sortir, et se retirèrent à Iariayes, lieu voisin de-là. Lesdiguières, assuré de la ville qu'il avait commise à la garde de Champoléon, son beau-frère, retourne chez lui, d'où il revient bientôt. Centurion avait pris Corp sur les protestans, et l'Ecuyer tenait Ambel. Lesdiguières, afin d'en tirer raison, rassemble promptement ses troupes, prend deux canons à Gap, s'achemine d'abord vers Ambel. Dans le même intervalle, Gordes, à la tête de 4000 cavaliers ou fantassins, s'avance contre lui; il se retire sans perte, mais non sans combat: Gordes avait gagné les passages très-inaccessibles en ces quartiers, pour le prendre par derrière. Lesdiguières se défend avec tant de vigueur, que Puteville, beaucoup d'autres chefs catholiques y perdent la vie. Cet échec oblige Gordes à une retraite; alors il reprend le chemin de Grenoble, par Aspres, Valbonnais, revient à son entreprise, bat le château d'Ambel, s'en empare, quoique la brèche ne soit point suffisante; fait passer au fil de l'épée tout ce qu'il renferme, sur-tout l'Ecuyer, dont il punit ainsi la trahison. Gordes marche ensuite vers Corp; Centurion qui ne s'y croit pas en sureté, sort de nuit, y laisse Latour, fort de *800* hommes. Lesdiguières ne tarde pas de s'en approcher ; une nuit, au clair de la lune, il attaque la ville par divers endroits, défait une partie de la garnison, tandis que le reste fuit avec Latour, gagne Dévolvi, s'écarte à travers les montagnes.

Lesdiguières apprend, à son retour, que Jacques Platel, son valet de chambre, excité, dit-on, par Guillaume d'Avançon, archevêque d'Embrun, son ennemi implacable, veut attenter à sa vie, qu'il en a même plusieurs fois recherché l'occasion, soit à la guerre, soit à la chasse, mais qu'un secret remords retenait toujours son bras prêt à frapper. Il pouvait se venger de Guillaume, dont le secrétaire était en son pouvoir ; le généreux Lesdiguières, bien éloigné d'une intention si violente, reçoit de lui cet avis, monte un jour à sa chambre, où se trouvaient deux lits, met dans chacun, sous la couverture, une épée, un poignard, appelle Platel, lui ordonne de fermer la porte, et de prendre tout ce qu'il trouvera dans l'un des deux. Platel qui ne comprend rien à tout ceci, en sort l'épée et le poignard ; Lesdiguières tire en même tems celle de l'autre lit : *puisque tu as promis de me tuer,* dit-il, *essaye maintenant de le faire, et ne perds pas, par une lâcheté, la réputation que tu as de soldat.* Platel, confus, se jette aussitôt à ses pieds, fond en larmes, reconnaît qu'il mérite la mort. Lesdiguières, touché de son repentir, lui pardonne ; continue, par un trait peu commun de générosité, à le garder à son service.

(An 1577). Après la mort de Montbrun, Lesdi-

guières refuse l'emploi de capitaine-général des protestans du Haut-Dauphiné ; mais il est obligé de
l'accepter, ainsi que celui des protestans du Bas. Le
Prince de Condé y interpose son autorité ; le Roi
de Navarre qui sait que cette élection est de
toute justice, l'autorise par ses provisions ; lui
donne, en son absence, un pouvoir étendu dans
la Province.

(An 1578). Lesdiguières, de retour en ses foyers,
pourvoit à tout ce qui concerne sa charge, est bientôt obligé de voler au secours du maréchal de Bellegarde, ligué depuis peu avec les religionnaires
Dauphinois qui devaient l'aider à se saisir du gouvernement du marquisat de Saluces. Les citoyens de
Queyras ouvrent le Col-Laignet, devenu inacces-
sible par les neiges de cette année, lui envoient un
secours assez important d'hommes d'artillerie afin de
réussir dans son entreprise. L'amitié du Maréchal de
Bellegarde envers Lesdiguières, lui est continuée
par son fils César, du même nom ; le jeune
Bellegarde, à l'imitation de son père, le chérit,
l'honore toujours depuis, à un tel point, que
dans toutes ses lettres, il le nommait son frère ;
qui plus est, il ne négligeait point ses bons
offres, ses conseils, dans les plus importantes
affaires, lui témoignait un attachement fort res-
pectueux.

Lesdiguières ne tarde pas de s'assurer du château
de la Motte, voisin de la Mure. Ce lieu servait
de retraite aux catholiques de ces quartiers ; ils
y portaient leurs denrées, les défendaient contre
ses garnisons.

(An 1579). La paix de Poitou, de peu de durée,

comme les précédentes, se conclut ; la reine mère
vient de Mont-Luel à Grenoble, faire des proposi-
tions à Lesdiguières, tâche de l'attirer par un ordre
exprès. Celui-ci, averti qu'il n'y serait pas en
sureté, s'en excuse sous quelque prétexte, descend
dans le Valentinois, où Jacques Colas, vice-sénéchal
de Montelimar, ligueur courageux, qui unissait par
fois la cuirasse à la robe, dévoué au parti catholique, à la maison de Guise, avait communiqué
avec la reine dont il s'agit, pour faciliter la
ruine des protestans du Bas-Dauphiné. Colas sou-
lève les peuples voisins, met en désordre, par
leur réunion, tout le Valentinois, les Baronies ;
livre au pillage les maisons des religionnaires,
comme aussi un grand nombre de celles des catholiques ; s'empare de Meucillon, avant que le
capitaine Bragard, qui gardait Orpierre dans le
voisinage, put y conduire du renfort ; il occupe
en même tems le château de la Roche. Dès que
Lesdiguières le sut, de crainte que les ligueurs
ne s'étendent au loin, il court à Meuoillon, soit
par sa présence ou par ses armes, l'arrache à la
ligue. D'un autre côté, Gouvernet reprend le
château de la Roche ; ce tumulte populaire cesse,
fait repentir ceux qui avaient trop légérement
quitté la charrue pour l'épée. Maugiron vient
à Montelimar, tandis que Hautefort-Bellièvre,
premier président au Parlement, va au Buis,
résolu de réprimer l'insolence des insurgés,
feint d'en reprendre les auteurs, conjure Lesdiguières de ne point interrompre les négociations de la paix. Notre héros console par
sa visite, ses bons offices, la veuve du brave

Montbrun, qui demeure en ce voisinage, revient
à Gap mettre ses troupes en garnison ; mais à
peine y sont-elles, qu'un nouvel orage s'élève ;
les protestans du Viennois, nombreux parmi le
peuple, enhardis par le président Gentillet, leur
compatriote, l'un des chefs établis à Die par
Lesdiguières, ( dont il faisait un grand cas ), se
réunissent aux environs de la Côte - St. - André,
sous les capitaines la Pierre, Lambert ; prennent
Moirans, bourg à trois lieues de la ville de Grenoble, lorsque Maugiron ; Mandelot, gouverneur
de Lyon, vont, par ordre du Roi, en Dauphiné, où cette émeute s'était élevée ; les investissent avec 2,000 hommes de pied, six cornettes de cavalerie et deux canons, conduits
après beaucoup de difficultés en ces quartiers,
à cause du pays marécageux. Maugiron réduit
les assiégés à se rendre par composition ; Mandelot, irrité de la mort de son neveu, tué au
siége de Moirans, obtient de Maugiron ( par une
cruelle infidélité ), l'ordre de les tailler tous en
pièces. Lesdiguières qui s'est contenu jusqu'ici,
afin de ne pas donner sujet aux catholiques de
l'accuser, selon leur coutume, d'être le premier
à rompre, s'apperçoit que l'on se contente de
lui faire des excuses du passé, sans se mettre
en devoir de réparer le mal ; commande au capitaine Bouvier de prendre St.-Quentin, Iseron,
la Saône, quelques autres places sur la rivière
d'Isère ; fait préparer un nombre suffisant de bat-
teaux, pour la passer, de-là combattre Maugiron.
Mais à son approche, Mandelot reprend la route
du Lyonais ; aussitôt Blacons, d'après l'ordre de

Lesdiguières, poursuit les plus paresseux, qui ne se crurent en sûreté que dans les murs de Lyon.

(An 1580.) Lesdiguières ne savait quel parti prendre au milieu de toutes ces factions, lorsqu'en cet état incertain, fâcheux, il eut une consolation domestique ; la naissance d'un fils dont Madame de Lesdiguières avait accouché le 11 avril 1580, en fut la seule cause. Elle en avait déjà mis un au monde, mais il ne vécut pas long-tems. Lesdiguières était en outre père d'une fille qui le fit vivre par une belle postérité. Cet enfant lui étant donc né, il eut le plaisir de recevoir une preuve particulière de l'amitié du duc de Savoie, par le desir que ce dernier fit paraître de lui donner son nom au baptême ; le roi de Navare avait le même dessein, de sorte que Lesdiguières se trouva fort embarrassé ; il voulait obéir au Roi son maître, ne pas désobliger le Duc qui lui paraissait fort attaché. Ces deux Princes, instruits de leur concurrence en ce point, envoient chacun un gentilhomme, afin de porter l'enfant en baptême, de lui donner le nom de l'un et de l'autre ; en effet, cela se fit ainsi. Le fils de Lesdiguiéres fut appelé *Henri Emmanuel*.

La même année, le duc de Mayenne, maître de Beauvoir, d'autres places, croit n'avoir rien fait, s'il ne prend la Mure, qu'il regarde comme la clef des montagnes, sans laquelle il lui est difficile d'avancer. Il monte donc vers cette ville, l'assiège avec 8,000 hommes de pied, 800 chevaux et 16 canons. Lesdiguières qui s'attendait à avoir le duc de Mayenne sur les bras, s'était préparé à le recevoir, autant que la nécessité de ses affaires le lui permettait. Il avait mis, soit dans la ville ou la citadelle, environ 800 hommes ; il s'arrêta à Saint-Jean-de-Rans, comme le lieu le plus propice pour secourir les assiégés et repousser les ennemis ; il commanda au Villars, à Aspremont, à tous les quartiers d'alentour, alors à sa disposition, de l'avertir de tout ce qui arriverait, par des signes convenus, qui leur tenaient lieu de chifres, tels que des feux allumés, etc., afin que, sans perdre le tems à attendre des nouvelles, à les envoyer, il put, au besoin, pourvoir à tout. Mayenne, de son côté, prend son quartier au Pibou, loge les volontaires, le régiment de Liverot au Sauze, au Roison, au Crozet, pour les avoir plus près de soi, et s'en servir au besoin. A peine est-il en présence de la Mure, qu'il fait saluer la place d'une décharge furieuse de toute son artillerie, croit par-là y mettre l'épouvante ; mais les citoyens de cette ville, loin de s'étonner, font des sorties courageuses, montrent à Mayenne qu'ils sont résolus à se bien défendre. On commence les travaux de part et d'autre ; quelques jours après, Aspremont demande encore du renfort à Lesdiguières ; il lui envoie 80 soldats, conduits par Poligny, brave gentilhomme ; enlève en même tems un quartier de 300 arquebusiers, logés à Beaumont, les met en pièces, excepté quelques fuyards qui périssent tous en traversant le Drac à la nage. Aspremont secouru, soutient l'attaque à merveille ; Lesdiguières n'oublie rien afin d'inquiéter les catholiques, invite les désunis à partager

avec lui l'honneur de ses exploits ; ils viennent
en effet ; mais ils contribuent si peu au succès
de son projet, qu'il voit bien qu'ils ont envie de
le rendre inutile. Les désunis résolus, d'un commun accord, de se débarrasser de Lesdiguières,
l'attendent sur un coteau où il allait quelquefois,
presque toujours seul, examiner les travaux de
l'ennemi, l'état de la ville de la Mure. Fabry,
ministre de Mens, qui avait eu connaissance de
ce complot, en prévient Lesdiguières. Celui-ci
ordonne à ses gardes de monter à cheval, prend
le meilleur des siens, pique à l'instant droit au
lieu où sont les conjurés, leur dit, le pistolet à
la main : *Ne vous semble-t-il pas, Messieurs, qu'un
homme de cœur, monté sur ce cheval, n'est pas
mal en état de se défendre ?* Là-dessus, il met pied
à terre, les salue, de manière que sa hardiesse
leur ôte l'envie d'exécuter leur infâme projet.

Les assiégés reçoivent de nouveaux secours,
mais leur conducteur Molard est fait prisonnier,
sa suite mise en déroute. Les citoyens de la Mure
après avoir soutenu un terrible assaut, tué ou
blessé près de 400 hommes, essayent une grande
sortie ; renversent plus de 120 personnes, blessent Liverot, Ponsenas, capitaine des gardes
du duc de Mayenne, le plus chéri des siens,
dont il regretta beaucoup la perte ; emmènent
prisonnier Montoison, qui leur devient très-
nuisible.

En effet, à peine est-il dans la ville de la
Mure, qu'il gagne d'abord l'ingénieur ; celui-ci
en attire d'autres au parti de Mayenne, leur envoie, pour mieux se les attacher, de l'argent

dans des bouteilles, sous prétexte de quelques vins à l'adresse de Montoison. L'ingénieur, à la tête de ceux de sa cabale, publie que la longueur du siége a épuisé toutes ses ressources, que l'ennemi est si fort, qu'on ne peut plus lui résister, ni réparer les ruines causées par son artillerie ; n'oublie rien afin d'imprimer la crainte dans l'esprit des assiégés. Duport, la Gautière soupçonnent ses intelligences avec Montoison, ne veulent point se rendre ; alors, on leur impose silence, on les menace de les enfermer ; enfin, l'ingénieur s'échappe, se rend au camp ennemi. Les citoyens de la Mure, intimidés, vendus par Hercules Négro, ( cet ingénieur se nommait ainsi ), ne savent plus à quoi se résoudre, perdent tout espoir de secours, parce qu'il est impossible à Lesdiguières de leur en donner ; en proie à leur désespoir, ils mettent de nuit le feu à la ville, se retirent dans la citadelle, où le Villars les reçoit, oubliant que Lesdiguières le lui avait surtout défendu. Le Villars, accablé d'une multitude qui ne combat point, consomme beaucoup, voit bientôt ses citernes, ses magasins vides ; envain renvoit-il le peuple inutile, déjà les subsistances lui manquent, il se voit forcé de parlementer. Cet accident fut d'autant plus fâcheux, que le Duc n'espérait plus prendre la place, (car les neiges étaient alors fort abondantes ; les maladies dissipaient son armée) ; il avait résolu de lever le siége. Les citoyens de la Mure donnent à Mayenne un garant de leur traité, ( c'était la Pigne, frère de la Fare ), sortent ensuite par une composition très-honorable, obtiennent tous, principalement le capitaine, des éloges de leur rare valeur. Mayenne en fait raser la place, celles qu'il occupait, de peur que dans une autre guerre, les religionnaires ne s'en emparent de nouveau, qu'il ne soit obligé d'y revenir une seconde fois.

( An 1551. ) Le Duc de Mayenne n'eut pas plutôt pacifié la Province, qu'il reçoit Gap, les villes qu'on doit lui rendre, se retire à Grenoble, séjour propre au dessein qu'il a de savourer les douceurs de la paix. Il la fait publier; alors on ne parle plus que de fêtes, de réjouissances publiques; il invite à venir au carrouzel qu'il donne aux maisons illustres de la Province, Lesdiguières dont il estime la bravoure, les talens précieux; le jour s'y passe à courir la bague, la nuit aux festins, au bal. L'archevêque d'Embrun, un des plus zélés partisans de la ligue, s'y trouvant en ce tems-là, veut profiter de cette occasion, afin d'inquiéter Lesdiguières, et dit : « Que ce serait rendre un grand service à Dieu et au Roi. » Mais Mayenne, le président de Haute-Fort Bellièvre, chef du Parlement, ne veulent point, sur l'avis qu'ils reçoivent, que la foi publique soit compromise, violée, moins en la personne de Lesdiguières, que d'aucun autre. Ils se déclarent contre ce projet, assurent en public qu'ils s'y opposeront de tout leur pouvoir. Voici ce que l'on imaginait, pour, malgré cette déclaration, perdre Lesdiguières.

Deux gendarmes de Mayenne s'adressent à Florent son secrétaire, feignent qu'un grand mécontentement les oblige à changer de parti, qu'ils peuvent rendre à son maître un service notable, introduire de nuit leurs troupes dans Grenoble, par une ouverture qu'ils feront à la maison où ils logent, laquelle touche au fossé, et à raison du *pertuis*, a donné son nom à la rue, qui s'appelle encore aujourd'hui la *Pertuisière*. La proposition étant agréée, ils commencent à y travailler ; or, leur projet consistait à embarasser par-là Lesdiguières, à l'accuser ensuite de trahison. Florent bien persuadé qu'ils rendaient un service utile à son parti, découvre la chose à Calignon. Celui-ci, plein de défiance, en instruit Lesdiguières, qui soupçonne à-peu-près l'intention perfide de ces machinateurs, s'en plaint à Mayenne, en reçoit aussitôt toute la satisfaction qu'il désire. Deux gendarmes arrêtés prisonniers, coupables par leur déposition, étaient sur le point d'être sévèrement chatiés, lorsque Lesdiguières, plein de clémence, intercède pour eux auprès de Mayenne, en obtient la grâce. Cela n'empêche pas d'autres fanatiques de vouloir attenter à la vie de notre héros ; la dernière conspiration que François Nicoud-des-Imbers lui découvre, lui montre que quelque protection dont Mayenne l'assure, il n'est point en sureté à Grenoble. Mayenne le prie avec instance de demeurer avec lui, mais il s'en excuse avec politesse, obtient, sous quelque prétexte, son congé. Lesdiguières reçoit de lui, avant son départ, un gage de son affection, savoir : l'un de ses meilleurs chevaux, une fort belle paire d'armes complettes. Il se retire là-dessus, trompe ainsi la malice de ceux à qui sa présence facillitait le moyen de l'assassiner.

Quelque tems après, le Duc de Mayenne, sur

le point de se rendre à la cour, descend à Valence ; notre héros l'accompagne jusqu'à Lyon, où ce dernier lui témoigne, d'une manière particulière, le désir de conserver son amitié ; le prie d'agréer la sienne. La paix de Mayenne en cette province, dure près de trois ans. ( An 1583. ) Les religionnaires, les catholiques, vécurent assez tranquilles ; Lesdiguières règle dans cet intervalle les affaires de son parti, fortifie les places que le dernier édit lui laissait.

( An 1584. ) De nouveaux troubles s'élèvent dans la Province, au commencement de cette année ; on enfreint d'abord le traité de paix, ensuite on se prépare à la guerre. Les protestans qui doivent se mettre en état de la soutenir, ne doutent point que le moyen le plus sûr est de se réunir sous un chef ; que leurs divisions intestines seraient tôt ou tard la cause de leur perte. Ils reconnaissent que leur partialité a livré la Mure au duc de Mayenne ; toutes fois cela n'appaise pas leur jalousie, ne les détermine point à se soumettre à Lesdiguières, à qui ils ne peuvent refuser plus long-tems l'obéissance, sans offenser le Roi de Navarre, qui venait de lui envoyer par Biard, l'un des siens, un pouvoir plus ample, plus authentique que celui qu'il avait déjà reçu. Les religionnaires s'assemblent donc un jour chez Vachères ; là ils se résolvent à perdre notre héros par un assassinat. Un gendarme de la compagnie de Vachères, homme hardi, reçoit deux cents écus, un bon cheval, se charge de commettre ce crime ; va à Mens, trouver Lesdiguières, sous le prétexte de s'enrôler dans ses troupes. Lesdiguières, averti de sa venue, de son projet, en fait part à Preul, capitaine de ses gardes, dont la grande valeur lui est connue ; Preul lui conseille d'abord de prévenir l'assassin ; Lesdiguières veut au contraire qu'on le traite avec douceur, le comble d'honnêtetés, le place même à sa table, vis-à-vis de lui. Quelques jours s'écoulent sans que le gendarme puisse exécuter son dessein ; deux choses le retiennent ; l'une, la vigilance des gardes de Lesdiguières ; l'autre, sa valeur propre ; enfin, Lesdiguières l'invite à la chasse, l'appelle à ses côtés, défend sur-tout à sa troupe de le suivre plus près que de 500 pas. Il le conduit insensiblement dans un bois fort solitaire, voisin de là, nommé Gache-Poillet ; lorsqu'ils y furent assez enfoncés, *mon cavalier*, lui dit notre héros, *voici un lieu tout propre, quand l'on veut se défaire d'un homme.* A ces paroles, le gendarme accablé de remords, de honte, se jette à terre, lui avoue, à genoux, sa résolution, se soumet à tout ce qu'il voudra. Lesdiguières, après l'avoir repris de ce qu'il avilissait ainsi sa qualité de soldat, en se prêtant à de telles manœuvres, le ramène à sa maison, le rassure sur son sort, continue de le bien traiter, lui permet le lendemain de se retirer. *Mon gentilhomme*, lui dit-il, *faites mes recommandations à ceux qui vous ont envoyé, et leur dites qu'ils ne sauraient se défaire de moi, sans perdre le meilleur ami qu'ils aient.*

( An 1584. ) Le gendarme se rend au lieu où on l'attend avec impatience, raconte son aventure ; les conjurés ne peuvent s'empêcher d'admirer la grandeur d'ame de Lesdiguières, l'estiment par ce beau trait de générosité, digne de leur commander. Dès-lors, ils cessent d'en vouloir à ses jours, le choisissent solennellement pour leur général, lui vouent l'obéissance la plus volontaire, la plus aveugle. Lesdiguières envoie le même jour à Henri IV, le ministre Latour ; l'informe de cette réunion, qui lui fit un sensible plaisir. Dès qu'il fut reconnu capitaine-général des religionnaires Dauphinois, l'établissement de la police, la réforme des désordres qui s'étaient glissés durant la suspension de son autorité, l'occupèrent d'abord ; tout ce qui était de sa compétence, fut si bien réglé, que ce n'est pas ce qu'on admira le moins dans sa première fortune ; alors il obtint avec de petites forces de grands effets ; il est sûr que c'était-là bien souvent la principale cause de sa subsistance ; il ne pouvait, à ce propos, assez louer la discipline militaire du Prince d'Orange ; lui attribuait en partie les heureux succès des Hollandais.

Les affaires de l'état s'enveloppent, plus que jamais, de nuages épais, Lesdiguières reçoit l'écu coupé ; se met en campagne ; projette de s'emparer de Chorges, ville du Gapençais, où les ligueurs s'étaient mis en sureté. Cette ville avait, outre ses murailles, quelque espèce de fortification ; 300 hommes commandés par Despraux, lieutenant de Descrottes, gouverneur de Chorges, qui en était sorti depuis peu, la gardaient. Lesdiguières résolu de faire là son premier effort, assemble à Saint-Bonnet 200 hommes de pied, 100 ou 120 chevaux, qui composaient alors toute son armée ; les citoyens de Chorges, orgueilleux de ce que leur forteresse leur semblait imprenable, se riaient de ce dessein; loin de s'occuper du siége qu'ils allaient bientôt essuyer, de se prémunir contre une surprise, ils ne s'amusaient qu'à folâtrer et à danser. Lesdiguières part au point du jour de Saint-Bonnet, le 23 juin, arrive à la vue de Chorges, où on lui confirme les railleries de ses habitans, fondées sur la faiblesse de ses forces; il ne put s'empêcher de dire, à ce sujet : *Nos ennemis commencent joyeusement le jour, je doute qu'ils l'achèvent de même*; là-dessus il reconnaît la place, y fait appliquer les échelles. Les citoyens de Chorges, voyant que cela devenait sérieux, bordent leurs murs, tandis qu'on monte à l'assaut, se défendent avec vigueur; mais comme ils avaient affaire à des hommes intrépides qui ne reculaient point, ils furent, après un grand combat, emportés de force; alors Lesdiguieres, par une raillerie agréable, dit à quelques-uns de leurs chefs, devenus ses prisonniers : *Nous sommes venus danser avec vous.*

Lesdiguières passe quelques jours à Chorges, achève les fortifications qu'il avait trouvées impaifaites, se rend ensuite à Rosans, où les principaux de son parti s'assemblaient pour délibérer sur quelques affaires importantes. La même année, il prend Montelimar, assiége, fait rendre la Tour de Narbonne; de-là il passe à Die, investit en même tems Châtillon, Aix et Montlau; Châtillon résiste quatre jours, mais menacé au cinquième d'un assaut, il capitule et se rend. Aix, Montlau suivent son exemple. Lesdiguières les démantèle, ôte aux ligueurs l'envie de s'y

fixer

fixer une seconde fois; victorieux, il poursuit
les troupes de la ligue jusque sur les bords de
la Durance, où la cavalerie voulant passer à
gué, se perd toute entière, excepté quelques-uns
d'eux, dont les chevaux assez forts résistèrent
à la rapidité de son cours; quant à l'infanterie,
elle fut taillée en piéce. Lesdiguières n'eut de
son côté que deux morts et deux blessés.

Embrun, ville très-forte, réputée la plus haute
cité de l'Europe, assise, d'une part, sur un pré-
cipice, de l'autre, couverte d'une citadelle, était
propre au dessein que Lesdiguières avait conçu
de s'y ménager une retraite; par-là, il se mettait
en état de défendre les protestans montagnards,
comme par la prise de Montelimar, il avait mis
en sureté ceux de la plaine. Il espérait, au moyen
de ces deux villes, avoir à sa disposition une
bonne partie du pays, et raffermir ainsi sa fortune.
Lesdiguières fait reconnaître la citadelle d'Embrun, par les Orres, un de ses gentilhommes,
religionnaire de cette ville; part de Chorges la
nuit du 19 novembre; envoie ses gens en pelo-
tons dans des chemins écartés; arrive sans péril
à la fausse porte de la citadelle, et la renverse de
deux coups de petards, ou machine creuse,
de métal, profonde de cinq ou six pouces, large
de cinq à-peu-près, de la forme d'un chapeau,
qu'on remplit de poudre, sur la bouche de laquelle on applique un madrier, afin d'enfoncer
les portes d'une ville. Mais à peine y sont-ils
entrés, qu'une terreur panique s'empare d'eux;
ils tournent le dos et cherchent la porte, comme
si on les eût poursuivis. Le capitaine Jacques,

C

surnommé le Rouvre, qui s'y trouve, les voit
venir, met l'épée à la main, et les rassure au
point que leur frayeur se dissipe ; ils reviennent
sur leurs pas avec audace, et taillent en piéces la
garnison. Lesdiguières, maître de la citadelle,
attaque la ville, où les habitans s'étaient couverts à la hâte d'une barricade qu'il emporte
d'abord. Gessan, Descrottes, l'un commandant
de la ville, l'autre de la citadelle, où il ne demeurait pas d'ordinaire, incapables de réprimer
cette fougue, se réfugient dans la Tour-Brune ;
font mettre le feu à l'église qui la joint, la rendent inutile aux ennemis qui ne peuvent s'y loger, et les incommodent. A quelques heures de là,
Lesdiguières ordonne de l'éteindre ; alors les Embrunois recourent à ses bontés, se garantissent
du pillage, moyenant une promesse de dix mille
écus.

Cependant les soldats, plusieurs des chefs
même, se répandent dans l'évêché et l'église,
quoique elle brulât encore. On loua les Orres
et Bardonnenche de n'y être point entré. Il y
avait entr'autres précieux ornemens, dont l'église
d'Embrun était enrichie, et qui furent enlevés :
deux grandes statues d'argent, l'une de la Sainte
Vierge, l'autre de Saint-Marcellin ; la première,
massive, pesait environ six mille écus ; la dernière, quatre ou cinq cents seulement, parce
qu'elle était creuse.

Gessan, Descrottes, sommés de sortir de la
Tour Brune, la rendent par composition ; l'archevêque Guillaume d'Avançon, un des plus
zélés partisans de la ligue, que Lesdiguières eût

voulu avoir en son pouvoir, s'était, dès le premier bruit, éloigné d'Embrun ; de sorte que Lesdiguieres n'exécute qu'à demi son entreprise. Il commence le lendemain à s'établir dans la ville, devenue le lieu principal de retraite ; afin de ne rien souffrir autour de lui qui lui fasse ombrage, il envoie sa compagnie de gendarmes avec Rosset, au Château-Roux, où il y avait quelques troupes, mais elles disparaissent à son arrivée ; d'une autre part, le capitaine Jacques se fait ouvrir les portes de Saint-Clément.

( An 1586 ). L'hiver surprend Lesdiguieres à Embrun, l'y fixe pendant les plus grands froids ; mais aux premiers beaux jours, lorsqu'il eut établi dans cette ville Prabaud, son cousin, en qualité de gouverneur, et donné les ordres nécessaires afin d'assurer sa conquête, il se dispose à de nouveaux exploits.

Vins, gentilhomme, de l'une des meilleures maisons de Provence, le plus ferme rempart des ligueurs de son pays, après avoir obtenu des succès en plusieurs lieux, tourne ses armes contre le baron d'Alemagne, son compatriote, de semblable qualité, quoique de religion différente. Vins avait assiégé son château avec 300 hommes de pied, et était animé contre lui, non-seulement pour le bien public, mais encore parce que la ville de Riez, voisine de ce lieu-là, s'en trouvait fort incommodée. Ainsi Vins ne prétendait rien moins que de le ruiner de fond en comble. Le baron, trop faible contre un adversaire aussi redoutable, recourt à Lesdiguières, son parent, intéressé à la défense du parti commun ; quelques lieux aux Baronies, occupés par les catholiques, retenaient Lesdiguières auprès de Nions, d'où il envoie faire sommer Sainte-Jalle ; cette petite place refuse de se rendre, et est battue par trois canons qui font quelques brêches. Les assiégés s'y montrent, perdent la Jonchère, brave gentilhomme, se résolvent à un second assaut ; mais dépourvus de forces pour le soutenir, ils préviennent Lesdiguières et capitulent. Miribel, place voisine, qui avait auparavant envie de se défendre, change à son approche de résolution, et lui en porte les clefs. Lesdiguières était en ces quartiers-là, lorsque le baron d'Alemagne le pria de le venir secourir. Notre héros, ancien ami de Vins, tâche de le détourner de son entreprise ; en même tems, afin de rendre au baron le devoir de bon parent, il assemble ses troupes à Serre ; Morges, Gouvernet, Champoléon, Rosset, d'autres volontaires, le suivent ; il prend le chemin d'Oreson, où le baron d'Alemagne, Senas, Cadenet, Genson et leurs amis l'attendaient. Lesdiguières envoie, à son arrivée, un trompette à Vins, avec une lettre fort honnête, le conjure de ne point le forcer d'en venir aux extrémités. Vins consulte les siens là-dessus ; les uns lui représentent la valeur, la prudence, la bonne fortune de Lesdiguières, qui n'entreprend rien dont il ne vienne à bout, lui conseillent de lever le siége du château du baron ; d'autres, pleins de feu, lui donnent un avis contraire, et le flattent de cette pensée, qu'il est en état de lui donner le démenti. En conséquence, Vins renvoie le trompette avec ces mots : *Dites-leur qu'ils viennent.*

Aussitôt Lesdiguières et ses amis montent à cheval, vont droit à Vins; il range promptement ses troupes hors du village d'Alemagne, ne réserve que ce qui lui est utile pour le siége, les répand dans le vallon de Montaigar, en loge une partie sur le côteau, moins pour combattre, qu'afin de découvrir, et met le reste en bataille dans le vallon. A peu d'heures de là, Lesdiguières, précédé de ses coureurs, les suit sur la gauche avec un gros de 300 chevaux; comme il s'attendait de livrer un combat, il répond à celui qui le presse à plusieurs reprises, de doubler le pas, *qu'il va à la guerre, et non pas à la chasse.* Le baron d'Alemagne, Gouvernet, Blacons et les autres prennent la droite par un bois qui les couvrait, afin d'enfermer l'ennemi entr'eux et lui. Il y eut alors une furieuse escarmouche avec l'arrière-garde; deux d'entre les principaux capitaines furent tués, et elle prit si fort l'épouvante que son commandant Saint-Canat, ne peut empêcher le grand nombre, et ce qui est sur le côteau, de se jeter dans la mêlée.

Lesdiguières charge en même tems l'avant-garde; envain elle oppose une ferme résistance, elle est vivement poursuivie et mise en déroute; bientôt ensuite Vins, presque au désespoir, cherche à la rallier, et crie : *arrière, arrière;* la peur fait imaginer aux fuyards qu'il crie, *à Riez,* et veut y sauver le reste. Ils marchent de ce côté; Lesdiguières, le baron d'Alemagne profitent de cet avantage, achèvent de les défaire et laissent la campagne couverte de plus de 1,500 morts, parmi lesquels grand nombre de gentilhommes, de capitaines Provençaux s'y trouvèrent. Vins même, obligé de se prêter à l'équivoque, gagne le chemin de Riez. Le baron ne goûte pas long-tems le plaisir de la vengeance, à peine eût-il ôté sa salade, ou légère armure de tête, ( en usage alors parmi les gens de guerre ), qu'il est abattu d'un coup d'arquebuse, ce qui attriste fort Lesdiguières. Verdun, volontaire en ce combat, gentilhomme Dauphinois, y gagna six drapeaux, qui joints à d'autres pris par différentes personnes, furent portés à Embrun, où notre héros retourna. Sur le point de partir, il donne avis de cet exploit à madame de Lesdiguières, d'une manière si conforme à celle dont César apprit à quelques-uns de ses amis l'une de ses victoires, que je ne dois pas l'oublier ; *ma mie*, dit-il, *j'arrivai hier ici ; j'en pars aujourd'hui ; les Provençaux ont été défaits. Adieu.*

Sur la fin de l'automne de l'an 1586, la Valette se rend à Grenoble, avec une petite armée de 2 à 3,000 hommes de pied, Français, de 1,000 Suisses, conduits par le colonel Galati, et de 500 chevaux. La Valette, muni de ses pouvoirs, assisté de Maugiron, lieutenant du Roi, de la Cour de Parlement, convoque les Etats-Généraux de la Province de Dauphiné, afin de pourvoir à la subsistance de ses troupes pendant l'hiver. Il les met en campagne vers le printems, prend la route du Valentinois, assiége Eurres, petit lieu que les religionnaires avaient ravitaillé ; Lesdiguières est bientôt en présence, et livre divers combats à la Valette, le force à diriger sa retraite du côté de Grenoble. Le baron des Adrets, devenu catholique , l'avait , malgré sa vieillesse , suivi en cette occasion , et disait *qu'il avait fait les Huguenots , mais qu'il voulait les défaire* ; néanmoins il n'accomplit pas son projet. Lavalette reste tranquille une bonne partie de l'année ; sur la fin, il met en place à Gap, Taian, son cousin, après en avoir tiré Auriac que la ligue y avait établi.

Après le siége de Chorges , le duc d'Epernon , se retire en Provence, tandis que Lesdiguières se tient simplement sur la défensive durant l'hiver. Les premiers jours du printems lui font naître en l'esprit de nouveaux projets ; le château de Champ, à quelque distance de Grenoble, fort d'assiète et de garnison, traversait ses meilleures intelligences ; il se rend, pour se délivrer de cet obstacle, en sa maison de Lesdiguières, y fait passer par divers chemins environ 300 hommes, part à leur tête à une heure de nuit ; il arrive, au lever de l'aurore, au-dessous de ce château ; applique un petard contre un endroit de la muraille ( naguères reconnu ), et y fait une large ouverture, à la faveur de laquelle les assaillans s'introduisent, emportent le treillis d'un seul coup de petard, surprennent la garnison qui vient à eux en désordre, la renversent presque toute sur le car ; de sorte qu'avant le jour, Lesdiguières se rend maître de cette place, et laisse à Pin, qui avait commandé dans Chorges ; le soin de la garder avec 60 hommes.

( An 1587 ). Les Grenoblois, avertis peu d'heures après de cette perte, en furent d'autant plus chagrins, qu'elle était irréparable. Lavalette et ses troupes étaient à la vérité dans la Province ; mais le siége de Chorges les avait laissés dans un si grand désordre, qu'il n'en fallait rien encore espérer. Il fut résolu, après beaucoup de conseils tenus à ce sujet, de députer à Lesdiguières, Eybens et Bon-Repos, gentilhommes de qualité, afin de lui proposer quelque accommodement ; Lesdiguières parut y consentir ; la maison d'Eybens est choisie pour le lieu de la conférence, et on y traite des moyens de fixer la paix dans la Province ; ensuite on se réduit à une trêve, qui regarde tout ce qui était du côté de Champ, entre Grenoble et le Drac. Mais les choses en reviennent aux termes où elles étaient auparavant, parce que cette négociation n'avait pas l'aveu du lieutenant du roi de la cour du parlement, qui voulait la trêve générale.

Lesdiguières pourvoit à la sureté du château de Champ ; en part avec le reste de ses troupes ; arrive à Serres, où il avait fait fondre des canons qu'il voulait éprouver. Quinze jours se passent sans que l'occasion s'en présente ; car les catholiques étaient encore forts du côté de Nions ; quoique le parti protestant ne le fût guère, cette circonstance le détermine à ne rien y laisser qui ne soit à sa discrétion. Tout tendait à ce but, lorsque Lesdiguières se porte à Mens, non-seulement pour recouvrer le pont de Coignet qu'on lui avait enlevé pendant le siége de Chorges, mais encore pour se venger du Monestier, qui, contre sa convention, ne s'était pas contenté de fortifier son château, mais y avait encore introduit des gens de guerre. Lesdiguières l'avait averti quelques mois auparavant; plusieurs personnes, entr'autres Ponsonas, son voisin, l'avait assuré de sa part, que s'il ne les obligeait à sortir, il les accablerait de ses ruines. Ponsonas adresse la dernière parole au Monestier; mais cet homme magnanime, l'un des plus braves de son pays, l'écoute paisiblement, et lui dit : *Mon gentilhomme, tâtez si le pouls me bat pour toutes les menaces de Lesdiguières ; il fera comme bon lui semblera.* Ces paroles étaient dignes de la grandeur de son courage ; mais elles n'empêchèrent pas la perte de son château. Ceux qui se sauvèrent, passèrent par le fil de l'épée, ou furent faits prisonniers.

Lesdiguières, après avoir ordonné de détruire les fortifications de Pertus, Rostan et autres, reçoit Eybens et Bon-Repos que le conseiller Bailly accompagnait ; cette députation lui fut envoyée de la part du lieutenant du Roi et de la Cour du Parlement. Il fut question d'une trêve générale ; on la réduisit à une particulière pour Grenoble et les lieux circonvoisins ; on y arrêta qu'on raserait le château de Champ ; qu'on donnerait un dédommagement à Lesdiguières. Plusieurs raisons principales le firent consentir à ce traité ; l'une, que la garde principale de cette place lui coûterait beaucoup ; qu'étant démolie, elle ne traverserait plus les intelligences qu'il se ménageait dans Grenoble ; l'autre, que n'ayant plus rien à craindre de ce côté-là, il viendrait plus aisément à bout de ses entreprises.

Une infinité de places tombent au pouvoir de Lesdiguières ; il repousse le baron de Ramefort et Charpey, s'empare d'un grand nombre d'autres forts dont il serait trop long de rapporter les noms. Lesdiguières s'arrête quelques jours au Monétier de Briançon, et fortifie l'église dont l'assiète lui paraissait avantageuse.

Les troupes de Lavalette, et quelques autres de la ligue, occupaient les vallées de l'Embrunois ; outre qu'elles faisaient ombrage à la ville d'Embrun, elles rendaient encore tous ces quartiers inutiles à Lesdiguières, qui n'en pouvait tirer ni secours, ni contribution ; d'ailleurs, ces mêmes vallées communiquaient avec le Duc de Savoie. Le fort de l'église du Monétier de Briançon étant commencé, il s'avance contre Guillestre, où Lavalette avait une excellente garnison ; elle montre à son approche beaucoup de fermeté ; à peine voit-elle arriver l'artillerie, qu'elle abandonne la ville, se retire dans le château, d'où elle sort par traité, après avoir souffert 200 coups de canon. Lesdiguières fait démanteler Guillestre, dirige ses pas vers le château de Queyras que Lavalette occupait encore, et qu'il avait ôté à la ligue, par une intelligence formée avec la Mirande, lieutenant de Chaffardon, qui y commandait ; il force à son arrivée une barricade, voisine du château, assez courageusement défendue, l'investit ensuite, et rebrousse chemin pour faire venir son artillerie.

Cependant ceux de Briançon, jaloux du fort du Monétier, résolus avec les habitans du lieu, de l'enlever à Lesdiguiéres, crurent ( comme il n'était pas fini ), devoir profiter d'une occasion si favorable. La nuit donc du jour que Queyras fut assiégé, Claveyson, gouverneur de Briançon, suivi de du Bonnet, capitaine de la garnison, de la Chapelle, lieutenant d'Aquin, de 200 hommes de pied et 30 chevaux, se rend au Monétier, où Bouquet et Jourdan du Mont-de-Lans commandaient. Ceux du village se joignent à lui, investissent le fort, où les échelles, les échaffauds des massons étaient encore. Une partie monte sur le toît de l'église; l'autre demeure au bas; ceux de l'intérieur ne les attendaient point; d'ailleurs, ils se confiaient au sentinelle placé au clocher, qui, fort peu soigneux, crut bonnement que c'étaient les maçons qui venaient travailler comme à leur ordinaire. Néanmoins, le grand nombre lui devient suspect, il veut donner l'alarme, mais à l'instant on lui coupe la gorge.

Ceux de l'église, réveillés par le bruit que l'on commençait à faire, approchent de la porte du clocher, lorsqu'ils y trouvèrent Purat, un des habitans qui, ayant gagné le haut des dégrés par une fenêtre, roulait de gros quartiers de pierre qui en assomaient plusieurs, empêchaient les autres d'y monter. Ceux qui étaient sur le couvert, enlèvent en même tems des planches, jettent du bois et de la paille allumés dans l'église, pour étouffer, disaient-ils, *ces renards huguenots qui mangeaient leurs poules*, les réduisent à un tel désespoir, que hors d'état de sortir, ils mettent le feu à quelques caques, espèce de barril ou de barrique de poudre, retirées sous le clocher. Elle s'élève tout-à-coup avec explosion, accable une partie des assaillans, et leur fait beaucoup de mal. Quoiqu'il en soit, Claveyson

se rend maître du surplus ; emmène les capitaines, quelques soldats prisonniers, et laisse aux
habitans le soin d'achever la démolition du fort.

(An 1587.) Lesdiguières sait bientôt cette
perte qui lui est moins sensible, parce qu'il vient
d'en faire une plus grande, par la mort de son
fils unique, Henri-Emmanuel, arrivée dans le
même intervalle. Cet enfant, digne de lui, pro-
mettait d'hériter de ses vertus ; il était bien formé, d'abord agréable, d'un esprit prompt, de
cœur haut, néanmoins docile ; il se plaisait fort
à l'étude, encore plus aux armes ; enfin, il faisait si bien augurer de lui, que l'on pouvait
dire avec raison, ce que l'on dit pour l'ordinaire des enfans, qu'il était l'image vivante de son
père. Le Roi de Navarre et le duc de Savoie, ses
parrains, lui avaient naguères donné en présens,
l'un, une paire d'armes, artistement travaillées,
et l'autre, un petit cheval, dont le harnais était
fort riche. Almeras était le précepteur de ce fils
chéri, qui mourut à l'âge de dix ans quelques
mois, en priant Dieu et consolant les personnes
qu'il voyait autour de son lit s'affliger de sa perte.
Lesdiguières la ressentit au-delà de toute expression ; quoi qu'il en soit, il ne fit rien d'indigne
de sa vertu. Il se retire une heure en particulier
dans son cabinet, défend, à son retour d'Embrun, ( car il était alors à Serres ), aux citoyens
et à la garnison, tous les témoignages de la joie
publique dont on avait coutume d'honorer sa
présence.

Son artillerie arrive à Queyras, d'une manière
non moins difficile qu'étonnante, car les canons

furent portés à bras, et détachés de leurs affûts;
ce que personne, avant Lesdiguières n'avait encore imaginé; au point que ceux qui ne con-
naissent pas l'apreté du pays, ne peuvent se représenter, ni assez admirer la peine et la diligence de cette voiture; aussi les assiégés qui la
croyaient impossible, la tinrent à miracle, par-
lèrent aussitôt de composition. Elle les obligeait
à quitter les armes; Lesdiguières les leur laisse
néanmoins, et les favorise beaucoup. Dans l'intervalle, Briquemaut s'empare de l'église de Saint-
Pierre, ( dans la vallée de Château-Dauphin ),
fortifiée par la ligue; il y avait tué 500 hommes, et
fait prisonnier le capitaine, pour avoir sa revanche
de la perte de l'église du Monétier; mais elle
fut, d'autre part, mieux réparée, car le fils du
comte de Grignan, brave gentilhomme, ( comme
ceux de cette maison l'ont toujours été ), décide
en leur faveur, après avoir embrassé le parti
religionnaire, Clansayes, Montségur, places qui
appartenaient à son père; par leur moyen, Lesdiguières put compter d'avoir un grand pied dans
le comté Venaissy.

( An 1588 ). Lesdiguières entretenait depuis
long-tems des intelligences à Grenoble, y avait
passé toute la nuit, afin de les faire réussir; mais
un mauvais ruisseau, appelé *la Planche du Marrel*,
voisin de la ville, se trouva si débordé, qu'il ne
put aller plus loin. Lesdiguières ne voulant pas
perdre, à pure perte, sa peine, va droit à
Gières, et s'empare de son fort, gardé par 50 arquebuziers de la ligue. Cette prise lui donne
l'avantage de forcer ces quartiers à contribuer;

il ne lui restait plus qu'à se rendre maître de Vizille, où il y avait un autre fort avec une garnison dans le Bourg ; mais hors d'état de l'attaquer, il remet la partie à une occasion plus favorable. La prise du fort de Gières ne lui coûte
que 5 hommes, et lui vaut assez pour en entretenir 1,500 pendant six mois.

Lesdiguières se rend ensuite devant le Pont
du Saint-Esprit, secourt le duc de Montmorency,
fait des courses jusques au portes de Grenoble,
prend Donzère, obtient la reddition du fort de
Cornillon, de Mont - Bonnot, défait l'ennemi
au port de Chervis ; fortifie Morestel, occupe
Barcelonne et le fort Saint.-Paul, sur le Duc de
Savoie. Le fort d'Exilles est investi et contraint
de se rendre. L'intention principale de notre héros, à la prise du fort de Cornillon, était de
soumettre la ville de Grenoble, de ce côté-là.
Simon, concierge des prisons du Palais, réputé
complice de l'évasion du capitaine Falcos, que
l'on avait arrêté depuis six jours, fut, sur l'avis
de quelques intelligences qu'il entretenait à Grenoble, mis à la torture, sans que l'on pût rien
en tirer pour sa condamnation. A peine jouit-il
de sa liberté, que plein de dépit, menacé en
outre par ses créanciers, d'être enfermé sous ses
propres clefs, il résolut de faire entrer Lesdiguières à Grenoble. En conséquence, il en sort
de nuit, par la maison de Joli-Cœur, son com-
père et son confident, qui demeurait en rue St.-
Laurent. Le derrière de cette maison, comme de
toutes celles de ce côté-là, formait les murailles
de la ville. Il va donc à Chapareillan, dernier

lieu de la province, du côté de Savoie, communique avec Bruno, capitaine du bon parti, par les soins duquel, ayant été conduit à Lesdiguières, et entendu de lui, il revient, de sa part, trouver Bar, capitaine du fort de Cornillon, à qui il remet un billet ainsi conçu : *ce porteur m'a parlé d'un cheval, qu'il croit être propre pour moi, et que je puis avoir à bon marché ; voyez ce que c'est, et me mandez au plutôt ce qui vous en semble.* Bar l'ayant lu, demande le cheval ; Simon s'explique à lui de son secret, qui est d'introduire Lesdiguières dans Grenoble, par le derrière de cette maison. Bar y envoie aussitôt Chabert, son lieutenant, Grenatier, son enseigne, et le concierge, mais ils n'en purent approcher, soit à cause de l'obscurité de la nuit, soit parce qu'ayant à descendre par les vignes, du côté de Chalemont, au pied duquel est la rue, ils craignaient de faire trop de bruit. Ils y retournent le lendemain, portent des serpes qui leur servent à se frayer un passage, et arrivent si heureusement au pied de la maison, qu'ils ont le loisir d'y demeurer plus de trois heures. Bar, assuré que la chose est immanquable, en avertit Lesdiguières qui s'était approché de Grenoble, d'après l'avis qu'il reçut, que le marquis de St.-Sorlin en avait tiré la cavalerie, pour aller, avec une autre troupe prise à Crémieu, attaquer Vichy en Auvergne, au point qu'il n'y restait que deux compagnies de gens de pied, et les chevaux légers d'Albigni. Or, dit Videl, afin que le lecteur qui ne connaît pas l'assiette de la ville, en soit pleinement instruit, il saura qu'elle est assise au pied d'un côteau, et traversée par la rivière d'Isère ; toute-fois ce qui est contre le côteau, n'en fait qu'environ le tiers, et consiste en de longues rues, dont l'une regarde Lyon, et l'autre la Savoie ; celle-ci s'appelle St.-Laurent, l'autre la Perrière ; toutes deux communiquent avec le corps de la ville, par un pont, sur lequel il y a une tour, qui sert d'horloge commune.

L'entreprise donc reconnue, Lesdiguières veut avoir un prétexte en s'approchant de Grenoble ; convoque les Etats de la Province à Voiron ; s'y rend au jour assigné, et y est vu de tout le peuple comme un homme extraordinaire, sans doute bien digne qu'on eût cette curiosité. Il avait fait venir 1,000 ou 1,200 hommes à Moirans ; le reste de ses troupes, peu éloigné, devait le joindre au besoin. L'assemblée finie, il passe au fort de Cornillon, écoute de nouveau Chabert, Grenatier ; avertit ses capitaines de se préparer à l'exécution d'un projet, dont il ne s'explique pas, et afin que les habitans de Grenoble n'en soient point avertis, il fait d'abord occuper tous les passages. La nuit venue, il s'avance vers la Buisserate, à un quart de lieue de la ville, fait mettre pied à terre à sa cavalerie, et filer ses troupes du côté par où elles devaient entrer. Bar qui les conduit, monte sur le côteau, sans être découvert de la Tour de Rabot, qui est au-dessus, où il y avait une garnison, mais profondément endormie. A peine se mirent-elles en marche, qu'une terreur panique, occasionnée par le bruit de quelques pierres tombées d'une vieille masure, leur fait rebrousser chemin ; la confusion
devient

devient si grande, que Meyrarques, l'un des capitaines, croyant que ce fut l'ennemi, fait sonner la charge; mais heureusement les Grenoblois ne l'entendirent point. Lesdiguières les rallie; elles continuent leur route; une partie monte par six échelles dans la maison, et descend en la rue St.-Laurent, où elle défait quelques soldats qu'elle rencontre; s'empare du corps-de-garde de la porte, qu'elle trouve sans défense, et l'ouvre avec une hache à Lesdiguières qui s'y était rendu par dehors avec le surplus. Aussitôt l'alarme est dans Grenoble; les plus actifs courent à la tour du pont. Lesdiguières y arrive en même tems, et fait appliquer le petard; celui qui en était chargé reçut un coup de caillou jeté dans la maison de la monnaie, voisine du pont; un autre le remplace aussitôt. Ce dernier feint d'être un Grenoblois, demande à parler à quelqu'un de la ville; le vi-comte de Pâquier, gentilhomme courageux et distingué, s'approche, le petard joue, le tue et enfonce presque toute la porte; ce fut envain, car elle était doublée d'un treillis de fer. Ce coup produit en même tems deux grands et divers effets; l'un, d'emporter Pâquier; l'autre, de sauver un soldat de la ville, qui, à la première alarme, ayant gagné le dessus de la porte d'où il y avait jusqu'à l'arcade environ un pied de distance où il n'aurait pu passer, fut jeté plus loin, fort froissé, ainsi qu'on peut le croire. Ce treillis arrête Lesdiguières; alors il se couvre d'une barricade; à l'instant ceux du corps-de-garde de la Perrière se battent avec un fouconneau (1);

(1) *Fouconneau*, nom d'une pièce d'artillerie.

D

il perce les maisons pour les joindre, mais ils se jettent, par un batteau, dans la ville. Albigny, après avoir de son côté rompu le pont, et placé seulement quelques planches pour aller à la tour, y loge des arquebuziers. Ceux-ci tirent sur la barricade ; d'autres se retranchent au bord de l'Isère, vis-à-vis de la porte de la Perrière, où Lesdiguières, à l'opposite, en poste aussi quelques-uns, à qui Albigny joue un tour dangereux. Il fait amener de nuit deux gros canons dans cette tranchée, et équiper une frégate couverte, comme si elle eût été bien armée, quoique vide ; il s'expose en plein jour sur la rivière, et attire les ennemis. Cette ruse réussit, car à peine fut-elle vis-à-vis d'eux, qu'ils paraissent à découvert pour l'attaquer ; en même tems, on tire les deux canons qui en tuent et en blessent la plus grande partie.

Le lendemain, Lesdiguières demande par un trompette, un chirurgien et un médecin, afin de traiter Blacons, blessé d'un coup d'arquebuse (1) ; Albigni y consent pendant la trêve. Domengin, capitaine de la ville, s'avise de les mettre dans un fort grand bateau, où ils recueillent à leur retour beaucoup d'habitans cachés en divers endroits, et les sauve de son côté, à la faveur de la trêve. Cependant l'artillerie de Lesdiguières arrive des montagnes, par corvée de paroisses, qui les conduisaient de l'une à l'autre, avec d'autant plus de diligence, que chacune voulait éviter les frais du séjour. Il place deux canons sur le côteau

_____

(1) *Arquebuse*, sorte d'arme à feu.

de Chalemon, pour battre la tour du pont, le reste dans le bas, vis-à-vis l'église des cordeliers (1) où est à présent l'arsenal. (2) Les assiégés, de leur côté, en élèvent un sur le clocher de l'église de St.-André, (3) veulent par-là empêcher la batterie du côteau ; mais Lesdiguières leur ayant fait dire que s'ils ne l'ôtaient, il renverserait le clocher et leurs plus beaux édifices ; ils furent contraints de le faire descendre, et de se priver du principal moyen qu'ils avaient de lui nuire.

Ce siége continuait depuis plus de trois semaines ; la tour du pont était presque toute ruinée par le canon, lorsque les Grenoblois, ennuyés des fatigues de la guerre et divisés entr'eux, résolurent de capituler. On envoie, après un conseil tenu à ce sujet, et beaucoup de débats, deux hommes de robe longue, pour traiter avec Lesdiguières ; celui-ci, les voyant prévenus de peur, veut la leur augmenter, et leur montre ses troupes, de manière que la même repasse cinq ou six fois de suite, déguisée par le changement des chefs et des casaques retournées, au point que les députés, peu connaisseurs en ces sortes de choses, crurent le nombre beaucoup plus considérable qu'il n'était en effet. Ils ne sont pas plutôt de retour à la ville, que le traité est conclu. Les conditions honorables pour les Grenoblois furent signées de part et d'autre ; Albigny sort

---

(1) Cette église a été démolie l'année dernière ; elle sert à présent de place.

(2) Au temps de Videl.

(3) Cette église sert de réunion dans les fêtes publiques ; on y admire les tribunes nouvelles, de l'invention du cit. *Dausse*, habile ingénieur.

de la ville, escorté de la compagnie d'arquebusiers à cheval, de Gouvernet, ( ce qui fut une faveur pour l'un et pour l'autre ), et Lesdiguieres entre en même tems, donne ses ordres, et établit l'autorité du Roi, avec tant de douceur, qu'il fut révéré, chéri, autant qu'on l'avait naguères redouté. Les Grenoblois, enchantés de sa modération, vécurent avec ses troupes comme s'ils n'eussent jamais été ennemis.

Montbrun accompagnait notre héros ; touché d'un juste ressentiment de la mort de son père, décapité à Grenoble, il en projetait la vengeance, mais le respect de la foi promise, la considération de Lesdiguières furent plus forts en lui que son courroux. Lesdiguières s'acquiert, à un tel point, la bienveillance publique, que le peuple regrette d'avoir refusé si long-tems de le reconnaître. Ce héros passe les premiers jours à recevoir et à rendre les complimens, plus semblable à un homme qui vient visiter ses amis, qu'à un capitaine qui entre victorieux dans une ville. Le Roi lui avait auparavant donné par confiscation, les offices de ceux du parlement qui adhéraient à la ligue, ( car ceux du parti contraire s'étaient retirés à Romans ). A peine l'eurent-ils visité en corps et en particulier, qu'il les leur rendit tous, comme un premier gage de l'amitié qu'il voulait former et cimenter avec eux ; celui qu'il affectionna le plus, fut Expilly, depuis président au parlement de Grenoble. (1) Les-

( 1 ) Je me propose de faire imprimer, sous peu, sa *vie abrégée*. *Claude Expilly* était natif de *Voiron*, bourg célèbre par son grand commerce et les grands hommes qu'il a produits.

diguières le consulta souvent, et usa de ses services dans les plus importantes occasions. Basset, juge de la ville, personnage de singulière intégrité, de profond savoir, connu de lui par ses excellentes qualités, est, quoique catholique, d'abord appelé à son conseil, et ensuite à la conduite de ses affaires.

L'archevêque d'Embrun, son ennemi le plus acharné, alors à Grenoble, où il s'était retiré, comme en un asile inviolable, fut fort étonné de se voir soumis à son pouvoir. La haine de cet archevêque provenait de ce qu'il avait été dépouillé de tous ses biens, à la prise d'Embrun, et banni de sa propre maison ; il le visite néanmoins, et en est, contre son opinion, bien reçu. Lesdiguières lui rend visite à son tour, et lui dit, après les complimens ordinaires en ces sortes d'occasions, que *comme il était bien informé de sa mauvaise volonté qu'il lui portait, et des déplaisirs qu'il lui avait suscités, et qu'encore qu'il ne prétendît pas être assez heureux pour s'acquérir jamais son amitié, il la lui demandait pourtant, et le conjurait d'oublier le passé* ; Lesdiguières continue par tant de politesses, par des termes si pleins d'amitié, que ce généreux prélat, vaincu, ravi de tant de franchise, ( y repensant en soi-même ), lorsque Lesdiguières fut sorti, ne put s'empêcher de s'écrier, le cœur plein de joie, et les yeux en larmes : *Eh ! pourquoi ai-je jamais haï cet homme !* Les promesses d'amitié qu'il avait reçues de lui, sont aussitôt suivies de leur effet ; car, outre qu'il le rétablit en la jouissance de tous ses biens, quoique le Roi l'en eût investi, ( l'archevêque ayant été un des plus obstinés défenseurs de la ligue ), il lui offre encore et prête de l'argent, feint d'ignorer qu'il en ait besoin, afin d'avoir la satisfaction de lui rendre service ; il tâche en outre de le faire jouir en paix de ses revenus ; lui rend même de si signalés services auprès du Roi, qu'il en obtient pour lui le chapeau de cardinal, ce qui fut inutile, car l'archevêque meurt peu de tems après ; enfin, il l'obligea si fort en toutes les occasions qu'il put trouver, que ce prélat n'eut jamais de plus grande affection que celle qu'il lui voua dès-lors. Mais voici encore une nouvelle preuve de générosité de la part de Lesdiguières.

( An 1590 ). Ricou, gentilhomme catholique, entraîné, comme beaucoup d'autres, par l'aveugle passion pour son parti, s'était persuadé de ne pouvoir mieux le servir, qu'en cherchant les moyens d'assassiner Lesdiguières ; il s'en était expliqué à quelques-uns des principaux de la province, qui, par une faiblesse indigne de leur rang, ne se contentèrent pas de l'approuver, mais encore le sollicitèrent. Ricou engage Pélisson, un de ses amis, du parti contraire, à exécuter son projet ; Pélisson le lui avait promis, mais en même tems, il va découvrir l'affaire à Lesdiguières. Pélisson traine la chose en longueur, feint, par l'instruction que Lesdiguières lui avait donnée, de vouloir communiquer de bouche avec un des plus considérables du parti catholique, afin de mieux venir à bout de ce qu'il méditait. L'entrevue eut lieu contre l'une des portes de Grenoble, qui regarde Claix, (1) où les uns et les autres devaient se rendre de nuit. Lesdiguières tenait alors, en ces quartiers-là, le fort de Bosencieu ; son dessein était de dresser une embuscade auprès du lieu de l'abouchement, afin de faire prisonnier celui qui viendrait parler à Pélisson, et qui ne pouvait être qu'une personne de marque. La nuit fixée étant venue, il s'y rend secrettement, bien accompagné ; or, tout ne se disposait pas de l'autre côté, comme il le croyait, car l'un de ceux que Pélisson voulait voir, soupçonnant à-peu-près la vérité de cette entreprise, au lieu d'y aller en personne, y envoie Ricou, pour lui dire, *qu'une affaire inopinément survenue, l'empêchait de s'y trouver.* Tandis que Pélisson et Ricou s'entretiennent ensemble, un sergent qui

_____

(1) « Pierre de Bocsosel, prieur de Vif, et Allemand de Pâquiers, vi-comte de Trièves, voulurent prendre pour l'église et noblesse, l'intendance de cette machine, d'un soin fort particulier, avec lequel ils surmontèrent, combattirent, par la singulière adresse des maîtres maçons et charpentiers, les dangers et difficultés, qui ne se rencontrèrent pas petits en cette entreprise ; car la roideur et impétuosité du torrent ne permettant pas de faire les fondemens des ceintres sur le ferme et sur des poutres plantées debout, on fut contraint d'en jeter sur les flancs du pont de part et d'autre, lesquelles s'abaissant pour s'attacher les unes aux autres par la tête, avec celles qui ttaversaient, soutenues des clefs pendantes, gardes et soliveaux en forme de croix de Saint-André, les unes s'opposant aux autres, il arrivait que plus le fardeau était lourd et pressé des deux côtés, plus le ceintre donnait de sureté ; néanmoins l'arcade étant sur le point de se clorre, un peu devant que l'on y mit les clefs, la machine s'affaissa tellement sur les ceintres, qu'ils se démontèrent, et semblaient ployer ; mais les maîtres se jettèrent dedans, assurés de la simétrie et force qu'ils lui avaient donné, et à tout cas résolus de périr avec leur besogne ; laquelle fut heureusement achevée, ayant 22 toises et demie de roi d'un fondement à l'autre ». (*Extrait des ouvrages de Claude Expilly*).

fait la ronde tout à l'entour, découvre l'embûche, les choses en demeurent là. Ricou se trouve à Grenoble en même tems que Lesdiguières, et tremble fort qu'il ne lui en témoigne quelque grand ressentiment ; il ne connaissait pas cette ame héroïque, trop pleine de générosité, pour être capable de vengeance. On lui conseille de ne chercher son salut qu'en sa bonté ; c'est pourquoi il implore le crédit de Mures, l'un de ses principaux capitaines, qui l'avait élevé étant page ; non-seulement Lesdiguières lui pardonne, mais il lui donne, ( comme il le voyait malheureux depuis la réduction de Grenoble ), il lui donne encore l'appointement de capitaine réformé.

Lesdiguières avait envoyé au Roi, Florent Saint-Julien, son secrétaire, qui devait lui annoncer la prise de Grenoble, et le faire ressouvenir en même tems qu'il lui en avait depuis un an accordé le gouvernement. En effet, dès ce tems-là, le baron de Luz, gentilhomme de la Province, le lui avait demandé de sa part. Le vieux maréchal de Biron, alors auprès du Roi, lui dit, en son plus fin gascon : *cap de jou, Sire, donnez-lui le goubernement de Lyon et de Paris, s'il les put prendre.* Il n'aurait point fait de scrupule de le lui accorder ; il était à St.-Denis dans son conseil, quand St.-Julien lui rendit sa dépêche.

Les lettres lues, la demande mise sur le tapis, d'O, sur-intendant des finances, scandalisé que Lesdiguières, non-catholique, osât demander un pareil gouvernement, rejette, d'une manière assez rude, le secrétaire ; le maréchal de Biron le traite avec plus de politesse, et lui parle des obligations dont le Roi et l'Etat sont redevables à son maître, des grandes récompenses qu'il en doit espérer; et lui explique les raisons qui faisaient rejeter sa demande. Saint-Julien ne lui réplique que par un salut profond, et se retire aussitôt. Le Roi paraissait rêveur et mélancolique sur cette affaire, lorsque Saint-Julien vint heurter à la porte, et étant admis, *Messieurs*, dit-il, *votre réponse inespérée m'a fait oublier un mot, c'est que, puisque vous ne trouvez pas bon de donner à mon maître le gouvernement de Grenoble, vous avisiez aussi aux moyens de le lui ôter.* Là dessus, il sort une seconde fois. Le maréchal de Biron lisant sur le visage du Roi, à qui ce refus avait déplu, qu'il était bien aise que la hardiesse de Saint-Julien le forçât, ( pour ainsi dire ), à accorder la demande de Lesdiguières, vu que c'était plutôt tenir sa promesse que de lui faire une faveur, lui fit donner à l'instant l'expédition que Saint-Julien emporta.

Lesdiguières ayant fait quelque séjour à Grenoble, établit l'autorité du Roi, se prépare à éloigner de son voisinage tout ce qui lui est suspect, et comme le Duc de Savoie y veut entretenir de la communication, par le moyen des Echelles, ville de ses états, frontière du Dauphiné, il s'y rend avec 1,200 chevaux, 1,200 hommes de pied et deux fortes pièces d'artillerie. Il se loge d'abord dans la ville, fait battre le château qui, au bout de 50 coups, parlemente, et Corbeau qui y commandait, en sort à honorable composition. Delà, Lesdiguières secourt la Vallette; taille en pièce les Savoyards à Sparron; emporte Givors de force; gagne la bataille sur Amédée; passe au comté de Nice ; prend Barcelonne ; s'empare de Digne, avec la Valette ; réduit Beynes et plusieurs autres places en Provence ; reprend les places occupées par le duc de Nemours ; dirige sa marche vers le Piémont ; triomphe des troupes du Duc de Savoie ; les met en déroute à Gresillane, et détruit le secours de Cavours qui lui est rendu.

Aux approches de l'hiver, Lesdiguières après avoir pourvu à la fortification de Cavours et aux besoins de Briqueras, où il avait laissé le Poet qui doit y commander en son absence, se voit desiré de la province et de la cour du parlement, parce que les Savoyards, cantonnés à Moretel, faisaient des courses et des ravages. Il se rend donc à Grenoble, où il passe l'hiver. Son retour contient les Savoyards, arrête leurs courses ; peu de tems après, il défait les Espagnols, Milanais et Napolitains ; occupe St.-Genis, par intelligence ; construit un fort sur le bord du Rhône ; vient en Provence, où il prend Campillon, la Perouse ; ravitaille Cavours ; reprend le fort d'Exilles, et tâche d'attirer au combat le duc d'Epernon.

Frussasc se soumet, Buriasc est brûlé ; Miribel et les Echelles tombent en son pouvoir.

An 1595 . Le Roi étant venu à Lyon, Lesdiguières se hâte de l'aller saluer, suivi de Créqui et de cent-vingt gentilhommes Dauphinois ; comme il entrait dans la ville, par la porte du Rhône, il rencontre inopinément, en Belle-Cour, place voisine de là, le Roi Henri IV qui courait la bague, et qui, le reconnaissant d'abord, ( quoiqu'il y eût quinze ans que Lesdiguières ne l'eût vu ), pique droit à lui, avec un visage tout rayonnant de joie, et la lance baissée. *Ah ! Vieil huguenot*, lui dit-il, de bonne grace, *vous en mourrez*. Lesdiguières ayant aussitôt mis pied à terre, pour le saluer; *vous, soyez le très-bien venu*, reprit-il, *vous êtes celui de tous mes serviteurs que j'avais le plus envie de voir*. Là-dessus, il lui commande de remonter à cheval; après quelques courses, Henri IV revient à lui, met pied à terre, ( ce que fait en même tems toute la cour ), le prend par la main, passe au jardin d'Aynai, où il l'entretient plus d'une heure et demie; lui témoigne la satisfaction qu'il a de ses services; lui dit plusieurs fois qu'il ne s'offrirait jamais aucun emploi important dont il n'eût la meilleure part, et qu'il avait bientôt besoin de lui, afin de mettre à la raison le duc de Savoie. Lesdiguières le remercie, et l'assure de sa fidélité. Le lendemain, le roi lui envoie par Calignon, chancelier de Navarre, un brevet de conseiller d'état, dont il prête le serment le jour même. Le duc de Guise, pourvu du gouvernement de Provence, considérant qu'il lui serait difficile de s'établir dans un lieu où le duc d'Epernon jouissait d'un grand crédit, engage Lesdiguières à y prendre l'emploi de lieutenant-général, l'intéresse à contre-balancer par-là la puissance contraire, et lui promet même d'avance la ville de Sisteron pour son établissement. Lesdiguières, bien aise de s'acquérir son amitié, et qui, au surplus, ne doutait point que cela ne plût au roi, s'y détermine; peu de tems après, Henri IV

étant allé secourir Cambray , Lesdiguières ;
après avoir eu de fort particulières communica-
tions avec lui , reprend le chemin de la province ,
y fait, à ses dépens, une levée de 4,000 hommes de pied et de 3 à 400 chevaux destinés à
l'expédition de Provence ; il part avec le duc de
Guise ; prend Sisteron , Auriol et autres places , et
fait ensuite rendre Puymosson. Devenu lieutenant
du roi , des armées de Savoie , Piémont et Dauphiné , il soumet le château St.-Michel , occupe
Aiguebelle , ce qui lui mérite , de la part du duc
de Savoie , le surnom de *Renard du Dauphiné.*

La Rochette est emporté de force , le pont de
Montmélian rompu, Chamousset pris et démoli ;
les forts de la Charbonnière , de Lueille ; su-
bissent le même sort ; le duc de Savoie perd
la bataille des Molettes ; le château d'Allos se soumet , et la citadelle de Romans est rasée.

( An 1598. ). Le duc de Savoie , glorieux de
son fort Barraux , concevait de grands desseins
sur Grenoble ; mais Lesdiguières qui ne le perd
point de vue , fait construire en secret, dans
l'arsenal de Grenoble , trente échelles , et préparer deux pétards. Le tems de l'exécution de
son projet étant venu , le 15 mars , il place tout
cet attirail sur un bateau couvert , qui remonte
jusqu'à Goncelin. Le lendemain , pour ne point
donner des soupçons à ceux du fort , il feignit
de vouloir prendre le change ; appelle les troupes
des environs de Grenoble et les fait filer à travers
la ville , comme si elles allaient dans la vallée
d'Oysans , et cela, afin de se porter en Maurienne , où le duc était encore. A peine la nuit

eut-elle étendue ses ombres, que les mêmes troupes montent le long de l'Isère jusqu'à Lumbin,
où des bateaux prêts devaient les repasser du
côté du fort Barraux.

Lesdiguières ayant gardé les chefs auprès de sa
personne, part de Grenoble, le lendemain matin,
dimanche des rameaux, et est suivi de beaucoup
de noblesse volontaire. Il arrive à la Terrasse,
sans que l'on se doute, en aucune manière, de
son entreprise ; néanmoins il en instruit sa troupe,
qui lui en témoigne toute sa satisfaction et son
plaisir ; elle continue sa route, et ne tarde pas
d'arriver à une petite chapelle au-delà de la
Buissière, où notre héros harrangue ainsi les
siens : « *Messieurs, je vous ai déjà dit le dessein
qui nous amène ici, je vois tant de résolution en
chacun de vous, pour l'exécuter, qu'il serait su-
perflu de vous y animer davantage ; souvenez-vous
qui vous êtes, et quel roi vous servez ! Il faut emporter cette place, ou mourir. Ceux qui la gardent,
sont des gens que vous avez souvent battus ; allons
leur faire voir qu'ils ne sont pas plus assurés dans
un fort, qu'à la campagne.* Ce discours fini, entendu gaiment, il donne à chacun ses ordres,
leur distribue les échelles et les petards que l'on
avait fait passer en cet endroit-là. Il y avait 300
chevaux, 1,000 ou 1,200 hommes de pied ; il
donne à Morges, à la Buisse, à Saint-Jurs, qui
étaient à la tête, huit échelles de dix hommes
chacune, armés du pistolet et de l'épée ; Mont-
Alquier et St.-Bonnet, capitaines de ses gardes,
réunis à eux, en eurent trois chacun, d'hommes
armés de l'épée seulement. Herculès, Montferrier

et Rosans en eurent cinq, pour la seconde troupe d'hommes armés, excepté Rosans qui avait des arquebusiers d'élite. Auriac, accompagné de Beauval et Dubuisson, gentilhomme Provençal, conduisit la troisième, avec des hommes armés et des arquebusiers. Les petards furent donnés à Bimar, à Suges, l'un pour la grande porte, l'autre pour la poterne, (1) afin d'amuser les ennemis. Du-Savel eut une troupe pour donner l'alarme où l'on n'attaquerait point; le reste des gens de pied et la cavalerie devaient s'arrêter vers Chapareillan, et empêcher le secours de Savoie.

La nuit venue, chacun prend ce qu'il lui faut, à un quart de lieue du fort, où l'on laisse les valets, les bagages; mais faute d'y avoir mis un homme de commandement, afin de les contenir, ils allument plus de cent feux; ce sont autant d'indices, et la garnison se prépare à l'attaque. Malgré cela, on se met à suivre les guides; après une courte prière, et le mot d'ordre pris, ( c'était *Dieu nous aide* ), l'on se rend au lieu désigné. Ceux qui devaient donner l'alarme, ayant bien fait leur devoir, on fait jouer les petards; les échelles sont dressées, quatre sont d'abord renversées, mais relevées incontinent; voilà toute la place en feu, la garnison aux mains avec les assaillans sur le bord du parapet. Quelques incommodés que fussent ceux qui attaquaient par la tenaille, (2) par rapport aux bastions et aux

---

(1) *Poterne*, terme de fortification, qui signifie une fausse porte, placée ordinairement dans l'angle du flanc et de la courtine, pour faire des sorties secrettes par le fossé.

(2) *Tenaille*, en terme de fortification, est un ouvrage peu

guérites d'où l'on tirait sur eux, ils donnèrent commencement au bonheur de ce succès ; car après avoir abattu à coups de pistolets quelques-uns des assiégés, ils mirent promptement le genou, ensuite les pieds sur les corps, gagnèrent le dessus, et soutenus par les autres, firent une troupe de dix ou douze, suivis d'une plus grande, ensuite de toute la foule ; chargèrent avec courage ceux de l'intérienr, ralliés au nombre environ de 200, à dix pas de la courtine, (1) en renversèrent une partie, et menèrent l'autre battant, jusqu'au terrein du côté de Montmélian, où plusieurs sautèrent en bas, au risque de se perdre, de sorte qu'il n'y avait plus que le ravelin (2) où l'on fit résistance.

Lesdiguières qui était demeuré avec trois des siens, à vingt pas du lieu de l'attaque, attendait impatiemment des nouvelles ; comme personne ne vient, il ordonne à Brémond, l'un de ses secrétaires, de courir jusques-là, afin de voir ce qui s'y passe ; il apprend à son retour que la place était enlevée, excepté le ravelin qui ne résiste pas long-tems ; que Bellegarde, gouverneur ; que quelques gentilhommes et soldats de marque étaient prisonniers, tout le reste mort ; qu'il y

---

différent de l'ouvrage à corne. Cependant, au lieu de deux demi-bastions, il ne porte quelquefois en tête qu'un angle, étant entre les mêmes ailes sans flanc, on le nomme alors *tenaille simple.*

(1) *Courtine*, en terme de fortification, est le front de la muraille d'une place, entre deux bastions.

(2) *Ravelin*, signifie *Demi-Lune.* C'est un ouvrage composé de deux faces, qui forment un angle saillant et sert ordinairement à couvrir une porte ou un pont, et qui, étant placé devant une courtine, sert à couvrir les flancs de deux bastions opposés.

avait cinq enseignes de prises, deux attaquans de tués et deux soldats blessés; chose merveilleuse dans un combat où ceux de l'intérieur du fort étaient si bien préparés, qu'ayant bordé le parapet (1) de toutes parts, ils avaient crié aux assiégeans, comme par défi : *venez, venez hardiment, nous vous attendons.* La Buisse leur avait réparti : *oui, oui, nous y allons, et nous mourrons tous, ou nous serons maîtres de la place.*

Lesdiguières ordonne au même qui lui avait apporté ces nouvelles, d'aller à Grenoble, en faire part à la dame de Créqui sa fille, au président d'Ilins, chef du parlement, son intime ami, à beaucoup d'autres personnes, qui les ayant publiées, remplirent la ville d'une grande joie, et Dieu fut remercié de ce succès, par ceux de l'une et de l'autre religion. La bonne fortune voulut que le jour d'auparavant cinquante mousquetaires sortissent du fort Barraux avec un capitaine piémontais, afin d'aller à la Terrasse, petarder une tour où il y avait garnison aux ordres du Roi. Ceux-ci n'eurent pas plutôt entendu le bruit de l'attaque du fort, et soupçonné à-peu-près la vérité, qu'ils gagnèrent le grand chemin pour en apprendre des nouvelles; comme Brémond devait passer de ce côté-là, ils délibéraient s'ils devaient l'arrêter, mais il passa plus loin sans leur dire mot; ceux-ci trop assurés de leur perte, se trouvent en même tems faits prisonniers par Ricou, l'un des capitaines de Lesdiguières, qui le jour

_____

(1) *Parapet* est une élévation de terre ou de pierre pardessus le rempart, qui sert à couvrir le canon et les combattans.

même

même les renvoie et leur donne une escorte pour se retirer. Il laisse la garde nécessaire dans le fort, revient à Grenoble, et y reçoit des applaudissemens universels, dignes d'une si belle action.

Peu de jours après, les enseignes sont portées et présentées au Roi par Marchand, courrier de Lesdiguières ; le Roi était alors à son château de Malicorne, il voulut les déployer lui-même, ensuite les considérant avec plaisir : *Monsieur de Lesdiguières ou moi*, dit-il, *prendront toutes les enseignes des ennemis.* Elles furent portées à Nantes où il se rendait, et laissées dans la grande église. Ce dernier exploit que les envieux même de Lesdiguières Louèrent, faillit à réduire le duc de Savoie au terme de ne ressentir jamais d'autre déplaisir. Ce succès inopiné devient la matière des entretiens de la cour ; les uns estimaient beaucoup Lesdiguières, et d'autres, le maréchal de Biron qui leur paraissait plus grand capitaine. Le duc d'Epernon, après les avoir oui discourir fort au long sur ce chapitre, parle à son tour, et dit *que s'il avait à choisir, il aimerait mieux être Monsieur de Lesdiguières.* Ce jugement d'un capitaine bien capable de discerner le mérite de ces deux personnages, fut approuvé même des personnes qui y attachaient le moins d'importance.

Lesdiguières est reçu par le parlement de Grenoble, lieutenant-général pour le Roi en Dauphiné ; fait son entrée dans cette ville avec autant de solennité et de pompe qu'un général triomphant. Parmi ceux que la bienséance et la coutume obligeaient à parler, (1) Jean-de-la-Croix-

(1) Jean de Lacroix, conseiller au parlement de Grenoble,

Chevrière, avocat-général au parlement, se distingua par un discours plein d'éloquence et de savoir.

Les fatigues qu'Henri IV avait essuyées en cette guerre, causèrent quelque altération à sa santé ; il se retire à Chambéry, quelque tems après à Grenoble, et laisse à notre héros le soin de ce qu'il restait à faire, afin de mettre le duc de Savoie à la raison. Lesdiguières s'étant rendu maître du surplus de la Maurienne, revient par la Tarentèse, se présente devant le fort de Briançonnet, qui fermait le passage de Moutiers, ville capitale de la vallée ; l'emporte d'emblée, et fait rendre le fort Saint - Jacques. Bientôt après il se dispose à battre le fort Montmélian que la Cour regarde comme imprenable. Notre héros dit à ce sujet au Roi, « qu'il se soumettait à payer les frais de la guerre, si la place n'était prise dans un mois, par force ou par capitulation. » A peine chargé de cette entreprise hasardeuse, il somme aussitôt le comte de Brandix,

---

en 1578, avocat général en 1585, maître des requêtes et intendant des finances de l'armée que le duc de Mayenne commandait en Dauphiné, en 1588 ; enfin, sur-intendant des finances d'Henri IV, dans la même province, en 1595 ; reçut un brevet de conseiller d'état, et fut nommé garde des sceaux du parlement établi à Chambéri en 1600. Il fut commis, la même année, pour l'exécution de la paix avec la Savoie, et reçut pour récompense de ses services une place de président à mortier au parlement de Grenoble. Il fut, en 1605, nommé ambassadeur extraordinaire auprès du duc de Savoie. A son retour, Henri IV apprenant qu'il était veuf, le nomma à l'évêché de Grenoble, et Marie de Médicis le choisit pour être son conseil ordinaire. Il avait un esprit excellent, un jugement solide, et un savoir fort étendu. Il lisoit toutes sortes de livres, disait n'en avoir jamais lu où il n'y eut trouvé quelque chose de bon. ( *Biblioth. de Guy-Allard, par P. V. Chalvet, prof. d'hist. à l'éc. cent. de Grenoble*).

gouverneur, de rendre la place. Celui-ci répond par des menaces et bravades, que si on l'assiégeait, Montmélian serait le cimetière des Français.

(An 1600.) Lesdiguières reconnait les lieux propres aux batteries ; fait monter sept canons sur un côteau en pente et très-difficile, en face du fort, ce qui étonne les assiégés ; mais leur étonnement s'accroît bien davantage, lorsqu'ils se voient salués de six batteries à la fois. Il y avait dans la plaine, au pied de la montagne, outre les sept canons du côteau, destinés à faire des brêches, deux batteries pointées contre le bastion de Mauvoisin et autres endroits ; elles servaient à attaquer une vieille tour, qui servant de donjon, avait été battue autrefois par l'artillerie de François I.er, lorsqu'il passa en Italie ; il y avait en outre dans la ville deux autres batteries, deux au-delà de l'eau, pour frapper au bas du fort, contre le portail du donjon, ceux qui en sortiraient et voudraient aller à la Brêche ; ce qui mit le plus en peine les assiégés, comme ils le témoignèrent dans la suite. Néanmoins, ils ne laissèrent pas de tirer nuit et jour, afin d'empêcher le logement de l'artillerie royale qui, se trouvant bien couverte, faisait beaucoup de mal sans en recevoir.

La canonnade continuant, les mit en état de ne plus parer qu'aux coups, de manière que le comte de Brandix n'eut plus si bonne opinion de son fort, et demanda un prompt secours au Duc pour se garantir d'une ruine entière. La diligence et les soins de Lesdiguières furent si extraordinaires, qu'il força le comte de Brandix à capituler, et remit la place au Roi de France qui y établit Créqui gouverneur.

( An 1601, ) La paix de Savoie terminée, Lesdiguières qui depuis trente ans n'avait point quitté le harnais, prend soin de ses affaires personnelles ; mais comme il est impossible de quitter ses anciennes habitudes, ses occupations pendant la paix tiennent encore de sa manière de vivre pendant la guerre, soit par les voyages réitérés qu'il fait dans l'intérieur et hors de la province du Dauphiné, soit par les bâtimens, les fortifications et autres travaux qu'il ordonne en plusieurs lieux.

Lesdiguières visite les frontières de Suisse ; reçoit la visite des seigneurs de Berne ; est traité dans son passage avec magnificence par les Genevois. D'un autre côté, Créqui, son gendre, voyage en Angleterre, est complimenté par le comte d'Egmont, de la part d'Elizabeth qui dit *que s'il y avait deux Lesdiguières en France, elle en demanderait un au Roi son frère.* En effet il n'y avait pas d'homme en ce royaume dont elle fit plus de cas ; les princes allemands le révéraient au point qu'ils lui écrivaient ainsi : ( Le marquis de Baden ) *à très-renommé et très-redouté, Messire François de Bonne, Seigneur de Lesdiguières.* ( Le marquis de Brandebourg ), *que l'assurance qu'il avait reçue par le Sieur de Châtillon, d'avoir part aux bonnes grâces d'un si renommé personnage et si signalé capitaine, l'avait rempli avec messieurs ses parens et ses amis d'une extrême joie.* ( Maurice Landgrave de Hesse ) étant à Paris, l'an 1,602, n'en partit point sans lui avoir écrit : *qu'il s'en allait avec un grand regret de n'avoir pas eu le bien de le voir, comme il se l'était promis, et qu'il s'y attendait comme à l'une des plus grandes satisfactions qu'il espérait en son voyage.* ( Le comte Maurice de Nassau, prince d'Orange ) : *qu'il lui déplaisait infiniment que les affaires de sa charge ne lui permissent pas d'aller faire un tour en France pour y voir un homme de si grande renommée et de si rare vertu,* ajoutant, par le porteur de la lettre, *qu'il s'estimerait heureux de l'accompagner à la guerre.* L'Italie et l'Espagne lui donnèrent des preuves de la plus haute estime. A la négociation de la paix de Savoie, par le cardinal Aldobrandin, le légat se sentit fort-honoré d'être salué de la part de Lesdiguières, *de recevoir,* disait-il, *cet honneur d'un homme qui en méritait tant que Monsieur de Lesdiguières, à qui il ne manquait rien pour être parfait, que d'être catholique, et dont la vertu trouvait si peu de comparaison.* Lesdiguières l'en remercia avec beaucoup d'amitié, et lui dit *que le bonheur de sa connaissance serait l'une de ses plus grandes satisfactions en ce voyage.* Le Pape, oncle d'Aldobrandin, trouvait étrange que le Roi se servît de Lesdiguières, à cause de sa religion, et comme il s'enfut expliqué au cardinal d'Ossat, résidant à Rome pour le roi, le cardinal lui répondit : *que ce n'était pas en cette considération qu'il l'employait, mais comme voisin du pays, et parce qu'il était plus intelligent que tout autre ;* il le loua, au surplus, sur la douceur dont il avait toujours usé envers les gens d'église, et sur le mariage de sa fille unique et seule héritière, avec un seigneur catholique, et de l'espérance qu'il donnait de ne pas mourir en cette religion. Lorsque le fort Barraux fut pris, le Roi lui fit écrire : *qu'il était fort satisfait de ses services, et qu'il le ferait maréchal de France, lorsqu'il serait un peu plus en repos.* Lesdiguières l'ayant supplié de lui garder une oreille contre les calomnies de ses ennemis, le Roi lui répondit : *qu'il ne devait rien craindre de ce côté-là, qu'il n'avait pas seulement une oreille mais deux pour lui, et qu'il pouvait bien s'assurer que l'on ne ferait aucune chose à son préjudice.* Après l'avis important que Lesdiguières donna sur le traité de paix de Savoie qui fut envoyé au conseil du Roi, assemblé pour lors à Chambéry, le Roi qui le jugea digne d'une si grande prudence, dit, entr'autres choses, en le louant, *qu'il ne savait si Monsieur de Lesdiguières était plus grand homme d'état, ou plus grand homme de guerre.* La confiance du Roi envers Lesdiguières était si grande, *qu'il se résolvait sur les conseils et sur les promesses de Monsieur de Lesdiguières, qui n'était pas,* disait-il, *un cajoleur, ni un jeune homme, mais l'un des plus sages de son tems, auquel il fallait croire comme au texte de l'évangile.*

( An 1608 ). Lesdiguières était en sa maison, comblé d'honneurs et de biens, satisfait de lui-même autant qu'un homme puisse l'être. Il avait environ soixante ans ; madame de Lesdiguières sa femme, étant toujours malade, s'était retirée à Puymore, lorsqu'il appela auprès de lui une jeune femme nommée Marie Vignon, qu'il connaissait en secret depuis quelques années. Cette

femme, belle, de bonne grâce, et de fort bon
esprit, était fille de Jean Vignon, capitaine châ-
telain de la baronnie de Theys, et mariée à En-
nemond Matel, marchand de soie. Dans le principe, elle recevait Lesdiguières chez elle ; mais
comme son mari la maltraitait pour cela, elle
se retira chez son père à la campagne, où Lesdiguières l'allait voir souvent. Après la mort de
madame de Lesdiguières, il la fit venir à la
ville, et lui donna une maison et des gens pour
la servir. Elle perdit ses faveurs pendant quelque
tems, de manière que ceux qui voulaient sa
ruine, la regardaient comme assurée ; mais comme
Marie Vignon était fort adroite, et avait un grand
ascendant sur l'esprit de Lesdiguières, de puissans
intercesseurs leur firent faire la paix ; elle fut ré-
tablie dans les bonnes graces de notre héros ;
obtint un appartement dans son logis, et fut ap-
pelée dame de Moyrans, l'une de ses terres.
Lesdiguières la conduisit aux noces de Venterol,
l'un des capitaines de ses gardes ; de tout ce que
les femmes légitimes ont de commun avec leurs
maris, la dame de Moirans n'avait encore que
le lit ; peu de tems après, elle acquiert d'autres
privilèges.

( An 1608 ). Lesdiguières toujours vainqueur,
et jamais vaincu dans l'espace de cinquante ans
de guerre, devient, après la mort du maréchal
d'Ornano, maréchal de France ; il fait entre les
mains du Roi les protestations ordinaires de sou-
mission et de fidélité, a l'honneur de recevoir
de la Reine, du Dauphin et de beaucoup de
Seigneurs, les témoignages de la part qu'ils pre-

naient à son contentement ; ensuite il va, suivi
des Princes et autres gens de marque, prêter serment de sa charge au parlement de Paris. Le
Roi, par estime pour le nouveau maréchal, fit
un jour venir ses enfans en sa présence, et dis-
courant sur leurs diverses inclinations, *Monsieur
le Maréchal*, lui dit-il, *voilà mes enfans à qui je
vous prie de servir de père après moi, car je les
laisserai jeunes et en état d'avoir besoin de mes
bons serviteurs.* Le maréchal ayant réparti, *que
sa majesté devait mieux espérer de sa vie, et
qu'elle les verrait grands et bien élevés ; non ferai,*
répliqua le Roi, par un pronostic de sa fin prochaine, *assurez-vous que vous vivrez plus
que moi.* Videl a entendu dire au maréchal
qu'il n'avait jamais eu tant de regret de prendre
congé du Roi, que cette fois, comme par un
présage secret que ce serait la dernière.

( An 1610. ) Le Roi étant mort, notre héros
reçoit le brevet de Duc et Pair de France, par
le trésorier Lamorte, et vient à la Cour le 10 jan-
vier ( An 1612 ), assister à la fête des mariages et
y est accueilli de leurs majestés avec une singulière
satisfaction. La régente qui ne pouvait se taire
sur ses louanges, lui dit plus d'une fois : *qu'elle
s'estimait assez forte pour tenir le royaume en paix,
ayant pour elle le maréchal de Lesdiguières.* Elle le
comble de beaucoup de politesse, et veut même
qu'en la solᵗanité de ce carrousel qui a surpassé,
dit Videl, tout ce que la France fit jamais de plus
magnifique, il soit l'un des quatre juges du camp,
emploi digne d'un personnage qui avait acquis la
perfection d'une chose, dont ces exercices étaient

l'image. La fête achevée, on lui donne l'ordre de retourner dans la Province.

L'administration du gouvernement de Dauphiné fut commise au maréchal ; bientôt il commande une armée afin de secourir le duc de Mantoue ; envoie 2,000 hommes au duc de Savoie ; investit avec ce dernier, et prend d'assaut St.-Damian ; nombre d'autres places, entr'autres Albe, se rendent ensuite. ( An 1616 ). La continuation de la guerre, peu favorable aux Espagnols, nécessitant de leur part une suspension d'armes, le Roi envoie Créqui rappeler le maréchal, qui se prépare aussitôt à Repasser en Dauphiné, après avoir donné un jour aux ambassadeurs de France et de Venise pour les négociations de la paix dont ils avaient repris les traités. Il part de Turin le 6 avril, comblé de remerciemens, assuré de la reconnaissance du duc de Savoie qui la lui témoigne en public, et lui adresse même ces propres paroles : *monsieur, je vous ai plus d'obligation qu'à mon père, il m'a laissé mes états, mais vous me les avez conservés.* Notre héros vient à Grenoble, reçoit des lettres du Roi pleines de satisfaction de son prompt retour, et passe quelques jours en son château de Vizille, où le printems semblait l'y inviter ; résolu de mettre son esprit en repos, il se détermine enfin à épouser la marquise de Tréfort. Ce lit avait donné deux filles ; l'une était mariée au marquis de Montbrun, l'autre était encore auprès de lui ; or, comme elle lui était très-chère, il l'élevait à dessein d'en faire un parti considérable qui pût exciter l'envie des plus grands du royaume ; néanmoins il fallait la relever du défaut de sa naissance, par où ils pouvaient s'excuser de cette recherche. La marquise de Tréfort qui voulait avoir un appui puissant qui maintint sa fortune après le décès du maréchal, hâte ce projet par un double motif ; d'abord, parce que devenue son épouse légitime, elle prendra part à sa grandeur, et qu'ensuite sa fille deviendrait digne des alliances illustres auxquelles elle la destinait. Outre l'ascendant que la marquise avait sur l'esprit du maréchal, le crédit du duc de Savoie ne lui fut pas inutile ; en sorte que le mariage fut arrêté. Frère, président au parlement de Grenoble, Guillaume Hugues, archevêque d'Embrun, approuvent ce dessein ; le 16 juillet 1617 il épouse la marquise chez le baron de Marcieux, par les mains de l'archevêque. Quelques jours après, Lesdiguières se soumet à la censure ecclésiastique de ceux de sa religion, qui improuvaient ce mariage, célébré aux formes de l'église catholique, et par conséquent en opposition avec sa créance. Comme un grand nombre de ses amis et serviteurs lui témoignaient la part qu'ils prenaient à sa félicité, le marquis de Villeroi, alors à Grenoble, s'acquitte aussi de ce devoir ; *mon ami*, lui dit-il, *vous vous êtes marié à 18 ans, et moi à 65 ; n'en parlons plus, il faut une fois en sa vie faire une folie.*

( An 1617 ). Le maréchal prêt à repasser le Piémont, fait de nouveaux préparatifs ; défait bientôt à Salbertran, D. Roderic de Tolède, frère de D. Pédro ; joint l'armée du duc de Savoie ; prend Félissan et plusieurs autres places ; Neste et la Roquette se rendent ; alors Lesdiguières se retire sur la frontière du Dauphiné, contient les Espagnols, leur fait restituer Versel, et propose l'alliance de la maison de Savoie à celle de la couronne.

(An 1619). Lorsque le mariage de Chrétienne de France avec Victor Amédée fut accompli, la princesse, sur le point d'entrer à Grenoble, trouva à une lieue hors la porte, les officiers du parlement, ceux des finances de la ville, divisés en trois corps, mêlés de beaucoup de noblesse. Les harangues finies de part et d'autre, elle s'approcha de Grenoble, et fut saluée par 1,500 citoyens rangés en bataille dans un vaste pré au-dessous du chemin. A peine arrivait-elle à la porte, parée de tous les ornemens d'usage aux entrées solennelles, que la demoiselle de Sillon, belle fille, vêtue en nymphe, sort d'une grotte artificielle, déclame des vers (1) et lui présente après les clefs de la ville. Le bruit des trompettes, de l'artillerie se fait entendre aussitôt; on conduit la princesse sous le pœsle, à l'église de Notre-Dame; les graces publiques rendues à Dieu, elle met pied à terre à l'hôtel de Lesdiguières, et se retire dans l'appartement qui lui est destiné. Elle passe le reste du jour à recevoir les visites du parlement, des autres cours de justice, de la ville, de la noblesse et des dames que la maréchale de Lesdiguières lui présente et rassemble le soir pour le bal où elles justifièrent la réputation qu'elles ont

_____

(1) La déclamation est devenue à la mode dans Grenoble, et il arrive par fois que la belle jeunesse représente elle-même des tragédies, même des comédies, où elle réussit à merveille.

toujours eues d'être les mieux faites du royaume.
« Que s'il est vrai, dit Videl, que la compagnie
des dames est l'un des plus grands ornemens d'une
ville, et qu'elles y sont comme autant de fleurs
dans un parterre, ou d'astres dans le ciel, Grenoble peut, à bon droit, se glorifier de cet avantage. » Deux jours après, la princesse chrétienne
met la première pierre des fondemens du cloître
de Sainte-Marie, ordre de religieuses, de l'insti-
tution de St.-François-de-Sales, évêque de Genève ; elle assiste à la cérémonie, et contribue,
par ses largesses, à l'édifice qu'on achève dans
la suite, et se rend le lendemain à Chambéry,
où Lesdiguières l'accompagne, lui offre ses devoirs, et revient dans la province.

( An 1619 ). A peu de tems de là, quelques
affaires domestiques appellent notre héros en Provence, où il est bien aise de revoir ses anciens amis;
il part de Grenoble, le 9 novembre ; passe par
sa maison de Lesdiguiéres et celle de Montbrun ;
y est magnifiquement reçu dans cette dernière,
et continue son chemin vers la Tour-d'Aigues,
ancien et beau château des comtes de Sault, où
madame de Créqui, sa fille, qui y faisait son
séjour ordinaire l'attendait. Il y reçoit la visite
des principaux citoyens d'Aix ; sur le point d'entrer dans la ville, les habitans sortent en armes
au-devant de lui ; la noblesse, les consuls en
costume viennent le recevoir. Ceux de Mar-
seille lui donne un exercice général de leurs
vaisseaux, ornés de leurs plus riches étendards,
représentans une bataille navale ; le tout suivi
d'une infinité de canonnades, agréablement mê-

lées au bruit des tambours, au son des trompettes, clairons, hautbois et autres instrumens qui lui firent le plus sensible plaisir. Vint ensuite le bal où les dames Marseillaises parurent avec éclat ; ce spectacle ne réussit pas moins à la commune satisfaction que l'autre. Le maréchal de Lesdiguières s'étant acquitté de ce qu'il devait à la politesse de ce peuple, emploie le reste du tems consacré à ce voyage, à parcourir ses terres de Lauris et de Laurmarin, où il apprend que le roi l'a reçu duc et pair de France, et dispensé, par une juste prérogative de son mérite, de se rendre à la cour. Il n'est pas plutôt reconnu au parlement de Paris, qu'il retourne en Dauphiné, écrit aux Bernois sur une conférence qu'il eut avec le duc de Savoie, et est sollicité par plusieurs personnes de travailler à la paix.

( An 1621 ). Le roi avait envie de donner l'épée de connétable au duc de Lesdiguières ; on essaya différens moyens pour y parvenir, mais il prie sa majesté de l'offrir au duc de Luignes, et n'accepte que l'emploi de maréchal-de-camp-général des armées du roi contre les rebelles. Le roi était à Niort, lorsque Lesdiguières apprend la mort de la plus jeune de ses filles qu'il chérissait avec beaucoup de tendresse ; elle avait par dispense du St.-Siége, épousé le comte de Sault, son petit fils, dont la parenté était de tante et de neveu. Ce déplaisir l'affecte si fort, que sa santé s'altère, qu'il ne peut même, malgré son stoicisme, s'empêcher de pleurer ; il s'en excuse ainsi auprès de Déageant : *Monsieur, je pleure une perte que j'ai faite il y a quatre ans.* ( C'était là mort de son fils unique Henri-Emanuel, dont la perte lui fut moins sensible, parce qu'il était d'un âge plus vigoureux, qui ne se prêtait point à ces tendresses naturelles. ) Lesdiguières passe quelques jours sans pouvoir adoucir son chagrin ; comme son indisposition le retient à son logis, toute la cour, le roi lui-même en personne, viennent le voir et compâtir à sa douleur. Cette mort inatendue est cause qu'à son retour dans la province, il appelle auprès de lui la marquise de Montbrun, sa fille aînée ; il la démarie du consentement de son époux, et quelque tems après, la fait épouser au maréchal de Créqui.

( An 1621 ). Lesdiguières continue de voyager avec Louis XIII ; court un grand péril au siége de St.-Jean-d'Angeli, où il fut sur le point d'être tué d'un coup de fouconneau qui renversa à ses côtés le cheval de Montmiral et de Langes, son écuyer. Bientôt la place est réduite ; il reconnaît Clérac, attaque un quartier de Montauban ; revient appaiser l'émeute des religionnaires du Dauphiné et du Vivarais. Le comte de Suze paraît en Languedoc afin de remplacer Châtillon dont on était mécontent ; passe en Dauphiné, par des détours, afin de n'être point surpris dans une action qui le rendait criminel de lèse-majesté ; cette précaution lui devient inutile, il est arrêté prisonnier à une lieue de Grenoble, et conduit dans les prisons du palais. Le comte courait un grand risque de perdre la tête sur l'échaffaud, si le président Claude Expilly n'eût donné à entendre au parlement, que la personne et l'affaire étaient trop importantes pour être traitées par les voies ordinaires ; qu'il fallait en donner avis au roi et attendre ses ordres. De Morges, gouverneur de Grenoble y contribue aussi, en sorte que de Suze sort des prisons du palais, et est conduit à l'arsenal, en qualité de prisonnier de guerre. On discuta son affaire ; c'en était fait de lui si notre héros, réuni au maréchal de Bassom-Pierre, n'eût fait valoir sa personne, sa bravoure, et gagné les voix en sa faveur. C'est ainsi que le baron de Suze obtint sa grâce.

Lesdiguières avait en son absence partagé l'autorité de sa charge entre Frère, premier président, à qui la dignité de son office attribua alors la fonction des lieutenans généraux, et de Morges, gouverneur de Grenoble. Frère était réputé en France le personnage le plus habile de son tems ; et de Morges avait beaucoup de crédit auprès des religionnaires ; de Morges et Frère maintiennent la province en paix pendant quelque tems ; bientôt le trouble renaît, notre héros revient, rétablit le bon ordre, et soulage le Dauphiné des oppressions qu'il a souffertes.

Le comte de Sault exerce l'emploi de lieutenant-général, en l'absence et survivance de Lesdiguières et de Créqui son père ; est pourvu de la lieutenance générale, aux mêmes conditions, dés l'an 1605.

( An 1622 ). Après la réduction du Pousin et de Bays, le maréchal de Créqui, gendre de Lesdiguières, lui porte les lettres de connétable, a la commission expresse de le faire chevalier de l'ordre du Saint-Esprit ; sa conversion étant la première partie de l'action qu'il médite, il en fixe

la cérémonie à Grenoble, le 24 juillet. Dans
cet intervalle, les religionnaires, fâchés de le
perdre après l'avoir possédé si long-tems, s'é-
forcent en particulier et en public de le détourner; lui font toutes sortes d'instances, mais fort
inutiles. L'archevêque d'Embrun, entre les mains
duquel il veut faire sa profession de foi, se rend
à Grenoble; Halincourt, St.-Chamond, le comte
de Tournon, beaucoup de noblesse de Dauphiné et
des provinces circonvoisines, accourent de toutes
parts. Lesdiguières abjure la réforme, témoigne
le désir d'être reçu dans le sein de la religion catholique, apostolique et romaine, et n'en difère
la déclaration authentique qu'au jour suivant.

Le lendemain matin, le maréchal de Créqui,
après avoir vu le parlement de la part du roi,
et l'avoir instruit de la résolution de sa majesté,
sur les honneurs destinés à Lesdiguières, vient
au palais le prier d'assister à cette action; la cour
arrive en corps au logis de notre héros qui l'y
-attendait avec la noblesse nombreuse qui s'était
rendue à son hôtel, afin d'honorer cette brillante
cérémonie; le maréchal de Créqui était à la tête,
et porte la parole au duc, en lui disant : « monsieur,
je vous ai fait entendre déjà plusieurs fois comme
le roi veut vous faire connétable, pourvu que vous
soyez catholique, vous m'avez toujours promis
de me faire à savoir votre intention, c'est ce
que j'attends à cette heure en présence de messieurs du parlement qui ont été priés d'être témoins de votre réponse. » Elle fut telle : « monsieur, j'ai toujours été très-obéissant aux com-
mandemens du roi; je suis catholique, et en état
de

de faire tout ce qui lui plaît,..... Se tournant ensuite vers la cour de parlement et la noblesse qui l'environne, *messieurs*, dit-il, *allons à la messe*; aussitôt il sort de son hôtel, se rend à l'église de St.-André qui y touche, et où l'archevêque d'Embrun l'attendait; Créqui, Halincourt, St.-Chaumond le précèdent avec leur grand ordre; le premier président se tient à main gauche, les cours de parlement, de la chambre des comptes, et toute la noblesse viennent ensuite. Lesdiguières est accueilli par les acclamations réitérées du peuple, mêlées au son des trompettes, au bruit des tambours et des décharges des mousquets des soldats du régiment de Sault, qui bordaient la place St.-André.

A peine le cortège est-il arrivé à l'église où l'on avait dressé des barrières depuis la porte jusques au chœur, à cause de la multitude, que l'archevêque qui reçoit Lesdiguières à l'entrée, lui désigne sa place sous un dais que St.-Mauris directeur de cette cérémonie lui avait fait élever; il s'assied; en même tems, deux aumoniers se mettent à ses côtés, et l'avertissent lorsqu'il doit s'agenouiller ou se tenir de bout pendant le saint sacrifice. Halincourt, Saint-Chaumond étaient derrière lui, le parlement à sa place ordinaire, le maréchal de Créqui à la tête; la noblesse, vu la foule, n'observa aucun ordre; après la grand-messe célébrée de la manière la plus solennelle, la plus digne de cette majestueuse cérémonie, l'archevêque d'Embrun fait une exhortation sur ce texte de Baruch: *Eveille-toi Jerusalem, et regarde du côté d'orient, tes enfans qui s'unissent jusqu'à l'occident.* Ce discours plein de savoir et de piété, fini, il assure le peuple que le duc de Lesdiguières a montré beaucoup de franchise en abjurant sa première créance, qu'il a promis de vouloir désormais vivre et mourir dans le sein de la religion catholique, apostolique et romaine ; de continuer de servir le Roi et l'Etat avec autant de fidélité et d'attachement que par le passé. Le duc de Lesdiguières se retire ensuite dans le même ordre qu'il est venu, est comblé des bénédictions du peuple de Grenoble, et reçoit les témoignages publics de la joie dont sa conversion enivre tous les cœurs ; ensuite il rentre dans son hôtel ; bientôt on n'entend plus le bruit des tambours, le son des trompettes ; alors Créqui lui présente les lettres de connétable, et lui adresse ces paroles : « Monsieur, puisque vous êtes catholique, le roi vous fait connétable, et m'a commandé, cela étant, de vous en donner les lettres, avec celles de la dispense du serment. » Après cela, le secrétaire de Créqui en fit lecture ; on y remarquait, entr'autres termes ces mots : *Que le Roi le faisait connétable pour les grands et continuels services qu'il avait rendus à la couronne, et pour avoir toujours été vainqueur, et n'avoir jamais été vaincu.*

Quelques instans après, les canons de l'arsenal, les salves d'artillerie du régiment de Sault se font entendre, et résonnent au loin, se mêlent aux acclamations du peuple, et deviennent les heureux préludes de l'allégresse universelle. Un grand festin est donné au parlement, aux principaux de la noblesse ; on allume le feu de joie préparé par les consuls et citoyens de Grenoble. Le reste de ce beau jour se passe à recevoir les complimens des cours souveraines et des particuliers qui, à travers la foule, pouvaient approcher du nouveau Connétable.

Le lendemain, l'archevêque d'Embrun lui dit la messe à l'église des capucins ; Lesdiguières l'entend, ( suivi du même cortège de la veille ); l'évangile achevé, le père gardien reçoit le missel des mains de l'aumônier du prélat, et le donne avec la paix, à baiser au Connétable. Après la messe, le même gardien le remercie, au nom de ses religieux, de l'honneur qu'il leur a fait de venir rendre ses premiers hommages au fondateur de leur ordre, le bienheureux St.-François, dont il porte le nom ; là-dessus il s'étend sur le dessein que Louis XIII avait eu de l'élever à une si haute dignité, parce que son nom propre d'où cet anagrame *né de bon français* se tire, atteste son affection au bien de l'état. Il compare ensuite ses actions militaires avec celles de *Henri-le-Grand*, et sa conversion arrivée à pareil jour ( 25 juillet) que celle de cet illustre et infortuné monarque ; il termine enfin, et lui donne une médaille d'or où les trois états de la vie étaient représentés par une étoile dans un nuage, une lune dans la nuit, et un soleil dans un beau jour; emblême tiré de ces paroles de l'écclésiaste : *Quasi stella in medio nebulæ, quasi luna in diebus suis, et jam fulget quasi sol in templo Dei.* L'étoile dans la nuée, désignait les premières années où le Connétable avait été catholique, la lune dans la nuit, le surplus de sa vie jusqu'au jour où ayant embrassé la vraie religion, il était considéré comme un *so-leil en l'hémisphère de l'église catholique ;* ces applications du père gardien plurent à l'auditoire qui les admirait comme fort spirituelles et édifiantes.

( An 1622. Le second honneur éminent préparé au Connétable était l'ordre des chevaliers du St.-Esprit, par lequel les grands du royaume communiquaient avec leurs princes, devenaient leurs compagnons dans le même devoir de piété. Le même maréchal de Créqui, porteur des lettres de Connétable, chevalier de l'ordre, assisté d'Halincourt et St.-Chamond, fut commis par Louis XIII, pour lui donner le collier. Loménie, prévôt, maître de cérémonies, arrive à Grenoble le 26, troisième jour de la réception de Lesdiguières ; l'église Notre-Dame, cathédrale de cette ville, fut tendue de riches tapisseries ; des échaffauds furent dressés jusques au plus haut de la voûte ; le grand autel était richement orné ; on y remarquait vis-à-vis, un trône élevé sur six marches, couvert d'un pavillon royal, parsemé de fleurs de lys d'or, au dessous duquel était le siége du Roi avec les armes de France et de Navarre ; plus bas, trois siéges ; l'un, pour le maréchal de Créqui ; l'autre pour Halincourt ; le dernier pour St.-Chamond. Il y avait à main gauche un dais, trois siéges au-dessous qui devaient servir à la cérémonie de la réception ; au milieu de la nef un arc triomphal en langue hébraïque, grecque et latine. *Nemo potest venire ad me, nisi pater qui misit me traxerit eum*

Le Connétable continue la magnificence de ses festins à l'arsenal de Grenoble, où les canons

annoncent chaque fois les vœux faits pour la
santé du Roi ; l'après-dîner, il se retire dans son
hôtel, se dispose à entendre les vêpres, à prendre
le costume de réception de chevalier ; c'était un
manteau long de velour noir, avec la tocque
parsemée de flammes, de fleurs de lys d'or ; le
surplus de l'habit était de satin blanc, selon les
statuts de l'ordre. Il n'en fut pas plutôt revêtu,
que les cours souveraines, la Connétable et les
dames prirent leur place dans l'église sur les échaffauds qui leur étaient destinés. On s'y rendit en
cet ordre : le régiment du comte de Sault s'a-
vança le premier, les gardes du Connétable, suivis
de quatre trompettes, précédaient Loménie qui
marchait seul, le bâton à la main, revêtu de
l'habit de chevalier avec le grand ordre par-des-
sus ; les trois gentilshommes d'honneur suivaient,
savoir : le Perse, l'un des capitaines des gardes
du connétable ; Sillan qui portait le grand manteau de chevalier ; St.-Mauris, le grand collier
de l'ordre sur un quarreau de velour verd ; à leur
suite le comte de Sault et la noblesse en foule.
Tout le cortège arrive à l'église Notre-Dame, au
son des trompettes, jusques au-devant du maitre-
autel ; après les saluts d'usage, Loménie conduit
les trois chevaliers vers les hautes chaires, au-
dessus desquelles les armes de chacun d'eux étaient,
le Connétable à une basse, comme novice et entrant dans l'ordre.

Lorsque chacun d'eux fut à sa place, et le silence fait, l'archevêque d'Embrun en habits pon-
tificaux, commence les vêpres du St.-Esprit ; elles
ne sont pas plutôt terminées, que Loménie va

F 3

prendre Créqui, Halincourt, St.-Chamond, les accompagne jusques aux trois chaires préparées sous le dais, à côté du trône royal; Halincourt, le plus ancien des trois, et en face du maître de cérémonies, se lève, place le connétable à sa gauche, comme novice; celui-ci se met à genoux devant eux sur un carreau, où après les demandes et réponses d'usage, le marquis de St.-Chamond prend le manteau dont il le couvre; Créqui lui met le grand collier du même ordre, lui fait lire et signer les sermens de la chevalerie; après cela, d'Halincourt se lève de son siége, place le connétable à sa droite, vis-à-vis le maître de cérémonies, le guide vers une haute chaire qui lui était destinée, et au-dessus de laquelle on remarquait ses armes. Loménie se fait suivre des deux autres chevaliers, les ramène à leurs places; dans le même instant on entend le son aigu des trompettes, les acclamations du peuple qui s'écrie trois fois : *Vive le Roi*; cette cérémonie imposante est suivie d'un sermon du père Petrins, surnommé le petit carme sur ce texte de David : *Hæc mutatio; dextera excelsi, dextera Domini fecit virtutem, dextera domini exaltavit me*; de-là, il s'étendit sur les louanges du Connétable. Après le sermon, le cortège se retire dans le même ordre qu'il est venu.

Le lendemain matin, le Connétable qui s'est préparé à la sainte communion, se rend à Notre-Dame, suivi de la nombreuse compagnie de la veille; l'archevêque d'Embrun y célèbre avec solennité la messe du Saint-Esprit. La messe, les cérémonies d'usage à l'offrande étant achevées, le connétable et les trois chevaliers vont recevoir la sainte communion ; ils étaient précédés de Loménie ; un écuyer portait son épée, et un page son carreau ; les trois chevaliers venaient ensuite selon leur rang ordinaire ; Louis de Simiane depuis abbé de la Côte ; Gilles, prieur de Bellegarde, qui la veille avaient servi d'aumônier au Connétable, l'accompagnèrent encore, et lorsqu'il eut communié des mains de l'archevêque, avec une humilité profonde, les dévotions particulières étant d'ailleurs terminées, tout le monde se retire dans le plus grand ordre.

Sur le soir, le Connétable reçoit la visite des principaux du consistoire de la religion prétendue réformée de Grenoble, accompagnés de beaucoup de personnes de différentes conditions ; Vulson, conseiller en la chambre de l'édict, personnage plein d'intégrité et de savoir, était à leur tête et porta la parole au nom de tous, en ces termes : « Monsieur, Nous avons vu les changemens arrivés en votre personne, depuis trois jours, votre promotion à l'état de Connétable de France et à l'ordre des chevaliers du St.-Esprit et votre changement de religion. Le premier est une digne récompense de votre valeur et des grands services que vous rendez tous les jours à l'état, et nous ne pouvons que nous en réjouir, pour l'intérêt que nous prenons comme vos très-humbles serviteurs, à ce qui vous touche ; mais nous ne vous tairons point, monsieur, que notre joie serait bien plus grande, si le second changement, qui est celui de la religion, avec lequel nous appréhendons le changement de votre volonté pour notre regard, et nous avons juste sujet de craindre que les mêmes armes que vous avez si longuement et si glorieusement employées pour la défense et la protection de nos églises, ne soient à présent tournées contre nous. »

Le *Connétable* répondit : « Messieurs, vous ne devez pas vous étonner de ce que je quitte votre religion, y ayant déjà quelque tems que j'y étais résolu, par forces raisons qui seraient trop longues à dire en cette rencontre, et dont je souhaiterais que vous fussiez capables. Pour les dignités dont il a plu au roi de m'honorer, elles eussent été plus justement conférées à un autre qu'à moi, et je n'y réponds que par une forte passion de rendre mes très-humbles services à sa majesté ; mais cela ne change nullement la volonté que j'ai toujours eue de m'employer pour votre contentement, tant que vous serez bons serviteurs du roi. »

*Vulson.* == Monsieur, nous estimons que vous avez cette bonne créance de nous ; les services que les nôtres ont rendus au défunt roi Henri-le-Grand son père, durant les derniers troubles, en sont de si fortes preuves, que nous ne pensons pas que personne la veuille contredire : ce qui nous fâche d'autant plus, que les mauvaises impressions que les ennemis de notre religion donnent tous les jours de nous à sa majesté, apportent de l'altération à cet état, et à la bonne volonté qu'il lui a plu nous témoigner par ci-devant, tant pour la liberté de nos consciences, que pour la sûreté de nos biens, de nos privilèges et de nos propres vies ; mais ce qui nous

scandalise encore plus, c'est que l'on trouve tous
les jours des placards aux places, qui ne tendent
qu'à émouvoir le peuple contre nous, et à nous
rendre d'autant plus odieux. »

Le *Connétable*. ⸺ « Si vous en pouvez découvrir
les auteurs, faites-en faire un exemple, et ne
doutez pas que je n'y contribue tout ce qui dépendra
de moi ; et pour le surplus, je vous exhorte à
continuer en votre fidélité, moyennant quoi vous
recevrez toujours de moi toute sorte de faveurs
et de protection. »

Vulson et les autres ne répliquèrent à cela que
par de profonds saluts, et se retirèrent satisfaits.
Toutes ces cérémonies, actions de piété achevées, le Connétable se rend le lendemain à son
château de Vizille, situé à trois petites lieues de
la ville de Grenoble, où la saison fort-belle l'in-
vitait à s'y promener. Lesdiguières y avait fait
autrefois construire un temple qu'il voulait con-
sacrer au culte de la religion catholique, apostolique et romaine. Il y arrive avec la bonne
compagnie qui l'avait suivi, et est reçu des habitans de la manière la plus solennelle. Jacob Richier,
son sculpteur, l'un des plus habiles de son art,
n'y épargna point la *gentillesse* de ses inventions
en plusieurs sortes d'ouvrages ; bientôt le gardien
des capucins y paraît avec six religieux de son
ordre, trouve un autel dressé dans le temple, par
le soin de Lacroix, trésorier-général de France,
capitaine du château ; en fixe la dédicace au dimanche suivant, 7 août, et fait convoquer au nom
du connétable, par son ordre exprès, toutes les
paroisses dépendantes du marquizat de Vizille, de

la Mure et d'Oysans, pour venir en processions solennelles, rendre à Dieu des actions de grâce de la conversion de leur seigneur, et assister à la bénédiction de la chapelle. On observa à cet égard les cérémonies et solennités convenables à la personne et à l'action. Toutes les processions, au nombre de 45, se rendirent au prieuré de Vizille, après une petite station; et en sortirent afin d'aller de suite à la chapelle du château, ouir la première messe qui s'y devait dire. Plusieurs d'entre le peuple, vêtus de blanc, et nuds pieds, suivaient les croix; venaient après les prêtres, chantans le *veni creator*, auxquels la musique répondait. Le prieur de Vizille portait le Saint-Sacrement sous un dais; quatre religieux, chacun un flambeau à la main, étaient aux quatre côtés, le peuple marchait ensuite.

Le Saint-Sacrement, à son entrée au château (1) est salué par les trompettes, placé sur l'autel de la chapelle, où les principaux des paroisses se rangent; le peuple reste dans la galerie voisine, au bout de laquelle, vu la multitude, l'on avait

---

(1) *Au Château.* — On y lit, sous la porte basse, cette modeste inscription : *Felicibus auspiciis Henri IV, Francorum regis invictissimi, pace terrâ quæ mari partâ, Francisc. à bonâ Lesdiguerîæ dominus, delphinat. prorex, tot bellorum superstes, secessum hunc sibi suis que à fundamento erexit. Anno salutis, millesimo sexcentesimo secundo, ætat. suæ LX.*
*Deus nobis hæc otia fecit.*
C'est-à-dire : François de Bonne, seigneur de Lesdiguières, vice-roi du Dauphiné, vivant après tant de combats, a, sous les heureux auspices d'Henri IV, roi très-invincible de France et de Navarre, la paix obtenue sur terre et sur mer, fait élever par les fondemens, cette retraite pour lui et les siens. L'an de grâce 1602, le 62.e de son âge. Un Dieu nous a procuré ces loisirs.

dressé un autel où l'on célébra une messe haute. Le père gardien fit ensuite un sermon sur l'évangile du jour ; les vêpres et l'*exaudiat* pour le Roi furent chantés ; à la fin, les processions sortent et se rassemblent en ordre auprès d'un grand feu de joie préparé sur la place du bourg devant le château, où après avoir chanté le *Te Deum* elles accompagnèrent le Saint-Sacrement à son retour dans l'église.

Ces actions solennelles de grâce étant rendues, le Connétable envoie au roi, Monteyset, gendre de madame de Lesdiguières, l'un des gentilshommes de sa majesté catholique, le remercie par son organe, et l'assure d'avance de ses respects, jusqu'à ce qu'il puisse les lui offrir lui-même en personne. Louis XIII lui envoie lui-même un courrier exprès, avec une dépêche de sa part, qui attestait le plaisir que sa conversion lui avait causé ; elle était ainsi conçue : « Je ne puis vous représenter la joie que cette nouvelle m'a apporté ; bien, vous dirai-je, que c'est l'une des plus grandes que j'espère jamais recevoir ; car l'affection que j'ai toujours eue pour votre bien, jointe à la singulière estime que je fais de votre singulière fidélité, m'avait toujours fait désirer de vous voir en état, que je pusse me reposer sur vous de la première charge de mon royaume et du principal commandement de mes armes ; reconnaissant que votre vertu et vos actions passées ne vous ont pas moins rendu digne de mon affection, que la fermeté de la vôtre ; que par vos grands et continuels services, vous avez glorieusement répondu en ce que l'on attendait il y

a long-tems de votre sagesse. » Louis XIII lui envoya de Bezier , par un gentilhomme , l'é-
pée de Connétable , enrichie d'ouvrages en or et
de pierreries.

Le pape Grégoire XV ayant reçu les respects
du connétable, de la part de l'abbé de St.-Ram-
bert, l'un des frères de madame Lesdiguières, lui
envoya un bref ; il s'exprimait ainsi : « l'abbé de
St.-Rambert notre fils , nous ayant fait entendre....
votre heureuse conversion à la sainte foi catholique , ensemble votre promotion à la dignité de
Connétable de France , nous louons de tout notre
cœur la divine bonté de ce qu'il lui a plu appeler dans son église un personnage de tel mérite , et qui nous fait espérer qu'il s'emploiera
désormais à son avancement. Ayant au surplus
infiniment estimé la singulière prudence de notre
très-cher fils le Roi de France et de Navarre ,
d'avoir mis le commandement souverain de ses
armes entre vos mains , pour la connaissance que
nous avons de votre grande valeur et des autres
rares qualités qui vous rendent recommandable.
Or , puisqu'il a plu à Dieu que vous ayez effectué
la promesse que vous nous fîtes en Piémont , je
le supplie à mains jointes qu'il vous augmente
de plus en plus ses grâces , à sa gloire et à l'a-
vancement de sa sainte église , etc. »

Le cardinal Ludovisio , son neveu , y ajouta
une lettre de pareille substance , qui témoignait
la joie inexprimable de sa sainteté en cette occasion ; ses termes étaient conformes à l'aménité
romaine , et dignes de l'esprit de cet illustre cardinal. Le roi d'Angleterre voulut que son ambas-

sadeur en France lui adressât de bouche ses complimens, s'il était à la cour, ou par écrit, s'il
en était éloigné. Maurice de Nassau, prince d'O-
range, le complimenta, tant au nom des états-
généraux des provinces unies des Pays-bas, qu'au
sien propre. Jean, comte Palatin, duc des Deux-
Ponts ; Christian, prince d'Anhalt ; les ducs de
Wirtemberg, de Saxe, les Bernois, sur-tout les
Vénitiens et le Duc de Savoie lui témoignèrent
la part qu'ils prenaient à la joie publique et à
sa propre satisfaction. Les grands de l'état de
l'une et l'autre religion, s'empressèrent aussi de
le féliciter.

( An 1622. ) Tout était dans le plus grand
calme en Dauphiné, la seule garnison de Bays,
qui dépendait de Blacons, se révolta, sous prétexte qu'on ne lui avait pas tenu tout ce qu'on
lui avait promis. A cette nouvelle inatendue, le
Connétable, à la tête de ses troupes, arrive à
Valence, remplit les rebelles d'une si forte crainte,
qu'ils le supplièrent de leur pardonner ; Lesdiguières y consent ; toutefois, afin d'avoir une
meilleure assurance de leur fidélité, il y laisse le
capitaine Falcos, l'un des siens, de même religion
qu'eux, en outre trente soldats pour défendre la place.

Le Connétable voit Louis XIII à la Vérune,
prête entre ses mains le serment de sa charge,
et ne tarde pas à revenir dans la province ; à peu
de jours de là le roi vient à Grenoble, y reçoit de
Lesdiguières et du parlement, accompagné des trois
ordres du Dauphiné, tous les honneurs qu'on peut
rendre à un souverain. Trois jours après il visite
le château de Vizille où le connétable le reçoit

et le traite avec beaucoup de magnificence. Louis
XIII vit la galerie du château (1) et fut satisfait
d'y voir les exploits du feu roi son père, représentés en autant de tableaux différens. Sa majesté
retourne le lendemain à Grenoble, d'où elle s'é-
loigne bientôt pour aller à Paris ; la personne du
Connétable était nécessaire auprès de la sienne,
soit par la dignité de son emploi, soit par ses
conseils ; en conséquence, ils partent l'un et l'autre, et y arrivent ensemble. Le Connétable s'ef-
force au conseil, de concert avec le chancelier
Sillery et ses ministres, de réformer les désordres
qui s'étaient glissés ou autorisés durant la guerre ;
la saison suivante se passe ainsi jusques vers le
commencement de l'automne, tems auquel il est
nommé gouverneur de Picardie. Cette nouvelle
charge l'oblige à s'y fixer quelques jours ; il continue son voyage par les meilleures villes de la
province, et y est reçu par-tout d'une manière aussi
affectueuse que magnifique. Après sa visite des
forteresses, il revient à Paris, au commencement
de l'hiver de l'an 1624. Aux approches du printems, la cour coule les beaux jours à Compiegne ;
Richelieu est nommé premier ministre et directeur
de l'état ; Lesdiguières profite de cette circonstance, met sur le tapis l'affaire des Grisons, d'où
il en résulte une ligue entre le roi, la république
de Venise et le duc de Savoie. Le Connétable
passe ensuite les monts au fort de l'hiver, à la
tête de 6000 hommes de pied et de 5 à 600 chevaux, nombre certes peu considérable, vu la

(1) Une des plus belles du royaume.

dignité de sa personne, et sur-tout dans un pays étranger. Saint-Sauveur Jomaron, son agent à la cour, ayant annoncé à Louis XIII la nouvelle de son passage, sa majesté dit à la reine : *Monsieur le connétable fait grande honte à la jeunesse d'aujourd'hui, de passer les monts tous couverts de neige, en la rigueur de l'hiver, et en l'âge où il est; ═ Ne vous en étonnez pas,* répartit la reine, *car il doit vivre cent ans.* ═ *Plut-à-Dieu,* répondit le roi, *qu'il en vecquit 200,* encore ne serait-ce pas assez *pour le bien de ma couronne.*

(An 1625.) Lesdiguières au-delà des monts, occupe plusieurs places en se rendant à Gênes, gagne la ville, le château de Gavi, et secourt le duc de Savoie. Il est atteint à Ast d'une fièvre violente qui le met en danger de mourir, donne sujet au bruit que l'on avait fait courir de sa mort ; heureusement sa santé se rétablit bientôt, à la grande confusion de ceux qui le crurent tout-à-fait abattu ; Ils le virent encore à la journée de Verrüe, remporter sur eux les mêmes avantages qu'il avait obtenus dans toutes les autres occasions. Le Connétable séjourne quelque tems à Gavy, où il court risque de perdre la vie. Voici ce qui se passa à ce sujet : le baron d'Alègre, originaire de Dauphiné, et de la ville de Montelimart, d'une naissance peu illustre, s'était acquis un tel crédit qu'on lui donna la conduite de l'artillerie pendant cette guerre. Il s'était chargé de faire sauter, par la force de la poudre, le logis du Connétable, sous lequel il y avait un canal assez large par où les immondices et les eaux de la rue se déchargeaient dans la rivière.

Ce baron fit faire à Sarraval, voisin de Gavi, mais dans l'état de Milan, une grosse saucisse, ( c'est en termes de guerre une longue charge de poudre mise en rouleau dans la toile goudronnée qu'on attache avec une fusée lente qui sert d'amorce pour faire jouer une mine ), alla plusieurs fois reconnaître le lieu où il la devait mettre ; enfin, le lendemain de la fête du Saint-Sacrement, un paysan la porte jusques à Gaviet la laisse en un certain endroit, tandis que d'Alègre irait au logis du Connétable, à la faveur de son habillement qui était français comme son langage, afin d'examiner quelles personnes l'entouraient. A peine entré dans une salle basse, où notre héros était environné des maîtres de camp, des capitaines et autres personnes semblables qui approchent du général, il les examine long-tems et remarque sur-tout Blacons dont il avait été autrefois soldat ; roulant ensuite les yeux sur Lesdiguières, la personne de ce grand homme lui parait si respectable, que saisi d'une grande horreur de ce qu'il médite, il va trouver celui qui portait la saucisse, et le mène à Sarraval. De retour à Gênes, il s'excuse de n'avoir pu exécuter son entreprise, parce qu'il n'en a pu trouver l'occasion favorable. Quelque tems après, ce même baron d'Alègre se trouve avec les Espagnols à Verrue, et est conduit par Colissieux au Connétable, auquel il raconte lui-même son projet tel que nous venons de le rapporter.

Le connétable, pendant le siége de Verrue, ne sort point de Chaumont, frontière du Dauphiné, où il était allé changer d'air. Il reparaît

enfin

enfin au camp, contribue par ses conseils et sa valeur à faire lever le siége aux Espagnols.

( An 1626. ) De-là il va à Santia, re retire en Dauphiné, prend Soyans, et descend ensuite à Valence où il tombe dangereusement malade. Cette maladie était une rechûte de celle qu'il avait essuyée à Ast l'année précédente. Comme le mal empirait chaque jour, il se fait administrer le viatique *pour se mettre en état*, disait-il, *d'obéir sans contrainte à tout ce qui plairait à Dieu ordonner de lui.* Il se confesse, le 4 septembre, avec une grande contrition, à Barthelemy Vergnes, prieur de Très-Cleoux, l'un de ses aumôniers; ( Claude Navizet, prieur de Serres était l'autre ). Sur le point de recevoir la sainte communion, un frisson le saisit et le fatigue de manière à faire trembler tout son lit. Son aumônier le prie de différer jusqu'au lendemain, parce que sa fièvre diminuerait, et lui donnerait le loisir d'accomplir plus tranquillement cet acte religieux. Alors le Connétable, plein d'une sainte impatience, ayant en l'esprit ces paroles de Saint-Paul : *qui me séparera de la charité de Christ ?* répondit avec courage : *Qu'il n'y avait mal quelconque qui pût lui faire renvoyer à un autre tems un reméde si salutaire.* Il communie ensuite, fort allégé; son corps participe à cette médecine spirituelle, l'ardeur même de son zèle dissipe les frissons de son accès. Comme la maison de l'évêque où il logeait, semblait aux médecins l'endroit le plus mal sain de Valence, ils jugèrent à propos qu'on transportât le Connétable en la maison du chanoine Rosset, située à une autre extrémité de

G

la ville, en bon air, quoique fatale aux hommes
distingués; car 80 ans auparavant, la Motte
Gondrin, lieutenant-général de la province, y
avait laissé la vie, mais dans un tumulte, et par
les mains d'une populace furieuse; du moins l'histoire de ce tems-là nous l'apprend ainsi.

A peine le Connétable est-il dans ce nouveau
logis, qu'il donne quelque espoir d'adoucissement,
et jouit d'une espèce de relâche. Néanmoins, peu
de jours après, sa fièvre devient plus dangereuse
par des accès de tierce et de quarte. Il se
confesse une seconde fois, afin d'obtenir de Dieu
la grâce de supporter avec douceur et sans mur-
mure l'effort de son mal. En bon chrétien qui
veut décharger sa conscience de ce qui la fatigue le plus, il dit à M. Boffin, secrétaire de la
connétablie, au moment où ce dernier entrait dans
sa chambre : *Monsieur Boffin, je vous prie de
faire à savoir à mes héritiers, qui sont le comte
de Sault et la maréchale de Créqui, ma fille, que
par le testament que j'ai fait à Paris, je n'ai pas
prétendu, ni n'entends leur donner le bien d'église
que j'ai, mais au contraire je m'en décharge pour
le rendre à qui il appartient; reconnaissant qu'il
n'était pas à moi, et pour les revenus que j'en ai
retirés, j'ai commencé d'en faire restitution, par la
fondation de l'hôpital que j'ai fait bâtir à Vizille,
lequel j'ai renté de 400 livres annuelles à perpétuité.*
Après cette pieuse et franche déclaration, il en
fait encore une autre plus importante à quelques-
uns de ses principaux serviteurs de la religion
prétendue-réformée, les engage à suivre l'exemple
de sa conversion, et les assure du libre mouvement

qui l'y avait porté et des consolations qu'il y avait trouvées. *Vous savez, mes amis,* leur dit-il, *qu'il y a quatre ans que je fais profession de la religion catholique, apostolique et romaine, à laquelle Dieu m'a appelé par sa sainte grâce ; je vous prie, et tous mes autres serviteurs qui ne sont pas ici, de m'imiter en cela ; car vous y ferez votre salut, lequel vous ne pouvez pas espérer en la religion où vous êtes : je vous y exhorte de tout mon cœur, et vous en conjure.* Ils ne répondirent à cela qu'en le remerciant du nouveau témoignage qu'il leur donne de son affection. Le Connétable supporte son mal avec un courage vraiment héroïque, raisonne d'une manière si forte et si lumineuse, que l'on voit bien que l'infirmité de son corps ne s'étend point jusques à son âme, qu'elle demeure saine et tranquille au milieu des douleurs qu'il éprouve. Sa maladie ne l'empêche point d'agir dans les bons intervalles, de donner même les ordres qui dépendent de lui ; sur-tout pour loger l'armée d'Italie qui a toute repassée en France.

Pendant que son esprit conserve encore sa vigueur, son corps perd de plus en plus la sienne. Sa fièvre que nuls remèdes ne peuvent adoucir ni rallentir, produit une diminution apparente de toutes ses forces, de sorte que l'on commence à juger qu'il est très-difficile qu'il s'en relève. Les secours de Jean Davin, son médecin ordinaire, habile dans son état ; de Sarrasin, de Lyon ; de Villeneuve de Vauréas, deux des plus célèbres et heureux de son tems, lui deviennent inutiles. Le Connétable commence à se connaître dès ce jour, dit sans trouble qu'il n'a plus de part à la vie. Il se livre sans réserve à la prière et à la méditation, ei se résigne si fort à la volonté divine, qu'avec le secours de son imperturbable constance, son visage toujours serein laisse reluire à travers les nuages que la maladie y a répandus, une douceur grave qui enchante tout le monde. La moindre parole d'impatience ne sort point de sa bouche. Comme il était l'un des meilleurs maîtres et personnages de son rang, s'il arrive par fois que ceux qui le servent, ( c'était d'ordinaire six gentilhommes de sa suite, car tous ses valets de chambre et de garderobe étaient malades ), ne lui donnent pas assez tôt, à son gré, ce qu'il désire, loin d'en montrer du dépit et de la colère, il leur parle d'une manière si douce, si insinuante, qu'ils en sont eux-mêmes confus et ravis. Le Connétable témoigne de l'inquiétude de les voir sur pied, résolus à le veiller, et ne reçoit pas sans une honnête contrainte les derniers services qu'ils lui rendent.

Le Parlement de Grenoble lui envoie son président Dédorne, le conseiller Putod ; lui témoigne, par leur organe, le déplaisir qu'il éprouve de sa maladie, et l'assure, au nom de chaque particulier, ainsi qu'en celui du corps en général, qu'il souhaite et demande à Dieu sa convalescence. Le Connétable les remercie d'une manière si tendre et si obligeante, qu'ils sont enchantés de trouver en lui un esprit si fort et un jugement si net. Il n'étonne pas moins Bullion, d'Aguesseau, conseiller d'état, Boffin, ses collaborateurs dans le service du Roi, dans plusieurs occasions importantes , telles que celles du Pousin et de Mévoillon. = Un envoyé de la Cour, le Pelletier, lui propose de laisser sortir de la place la femme du rebelle Montauban ; mais notre héros moribond s'y oppose , ne veut point lui accorder cette faveur qu'il n'ait obéi ; il s'indigne de ce que Viscomte , homme particulier, soit chargé d'une mission secrette , afin d'achever ce traité injurieux , et montre autant de vigueur et de courage que s'il eût été de bout , et en état de faire ce qu'il disait.

Au milieu de toutes ces choses, ses pensées se dirigent vers le ciel ; son esprit se détache peu à peu du monde ; ses principaux exercices sont la prière, les entretiens pieux, auxquels il paraît si exact , qu'il n'attend point que son aumônier le fasse ressouvenir de ses dévotions d'usage , le prévient et quitte tout pour s'en occuper, remet quelquefois à prendre de la nourriture ou les remèdes qui lui sont prescrits. ( An 1626 ). Il vit ainsi jusqu'au 27 septembre, jour où il prévoit sa fin prochaine ; ( car elle arrive le lendemain ). Son aumônier ne fut pas plutôt entré dans sa chambre, qu'il lui souhaite le bon jour avec beaucoup de douceur, comme au moindre de ses domestiques, congédie tout ce qui l'environne, afin d'avoir la liberté de se confesser et communier, ce qu'il fit en donnant des marques extraordinaires de piété et de repentir de ses fautes. Il passe une grande partie du jour dans un grand assoupissement. Sur les dix heures du soir, son aumônier , d'après l'avis des médecins , lui parle du mérite de l'action qu'il avait fait ; un quart d'heure après , Videl entre dans sa chambre ; le Connétable lui de-

mande s'il n'a rien appris de Mévoillon ; Videl
lui répond, à dessein de lui faire plaisir, que
Montauban avait obéi ; ( ce qui, par hazard, se
trouva vrai ). Notre héros en parut satisfait ; bientôt la Motte Verdeyer en donne la nouvelle sûre
au maréchal de Créqui, arrivé depuis trois jours
de la Cour, sur l'avis qu'il avait eu de sa maladie ;
d'un autre côté, madame de Créqui s'était aussi
rendue à Valence. Le Connétable, certain de l'o-
béissance de cette place, rappelle les troupes,
assigne à chacune sa garnison, d'une manière si
facile, que tout ce qui l'environnait fut rempli
de joie et d'étonnement. On lui apporte, une heure
après de la nourriture, il en prend un peu de la
main de la Maréchale, sa fille, qui depuis son
retour l'avait toujours servi, parce que madame
la Connétable, sa mère, qui n'eût confié ce soin
à personne, était depuis un mois au lit fort malade. Une syncope ôte bientôt la parole à Lesdiguières ; dès ce moment il ne rejette plus avec la
même force, hors de son estomach, le déluge qui
y tombe du cerveau. Chacun croit que c'est sa
dernière heure. On appelle le curé de la ville,
afin de lui administrer l'extrême onction. Il arrive,
suivi du gardien des capucins, de quelques religieux qui tous environnent son lit. Son aumônier l'exhorte à bien mourir. Pendant cet intervalle, le Connétable, les yeux et les mains
levées au ciel, suit les prières des religieux, tandis qu'il reçoit les onctions dont le gardien lui dé-
montre l'excellence ; ensuite, il lui présente le crucifix qu'il baise et baigne de pleurs. L'aumonier
et le capucin passent la nuit en prières ; le Con-

nétable leur donne à entendre qu'il les suit de l'esprit et de la pensée, et prononce de tems en tems le saint et doux nom de *Jesus*; ses yeux et ses mains expriment, de la manière la plus éloquente, les sentimens de son ame, et sur-tout le vrai repentir de ses fautes. Le capucin et l'aumônier s'appercevant que son pouls se perd, lui font aussitôt une exhortation pressante de se recommander à Dieu, par les mérites précieux de son fils, et par l'intercession de la glorieuse Vierge sa mère, avocate des pêcheurs et consolatrice des affligés. Le Connétable y satisfait par un profond et dernier soupir, et lève les yeux au ciel. L'aumônier priait encore, lorsque le capucin lui met une seconde fois le crucifix sur la bouche. Son âme s'en alla à Dieu, environ vers les sept heures et demie du matin, le 28 septembre 1626.

A peine ce grand homme est-il mort, qu'un soudain et général embrâsement se manifeste à St.-Bonnet, lieu de sa naissance. == On place son corps arrosé des larmes des siens, sur un lit de parade que huit religieux en prières continuelles environnent, pendant que le peuple en foule vient lui rendre ses derniers devoirs, et admire cette majesté qui brille encore sur son visage, majesté que la mort qu'il avait si souvent bravée n'ose encore effacer. Sur le soir, on le tire de ce lit pour l'embaumer. Il est ouvert par Toussaint-Jolliot, son chirurgien, en présence et par l'ordre des médecins Ville-Neuve et Tardy, et de plus de trente personnes. Lorsqu'on eût extrait de son corps le cœur que l'on remarqua être fort petit, tel dion , que les grands personnages l'ont d'ordinaire ; on y trouva un os dans la partie supérieure qui l'environnait, comme une couronne épineuse, de manière qu'on sentait au toucher quelque chose de piquant. Les médecins pensèrent que cet os était un cartilage endurci que les vieilles personnes ont par fois. Ses autres parties nobles étaient si saines, que sans cette ardente fièvre qui avait épuisé tout l'humide radical , il aurait encore vécu très-long-tems.

Le même soir, le corps embaumé , et mis dans une bière de plomb , est porté à l'église cathédrale de Valence. Tous les ordres religieux de la ville , ses domestiques , et le peuple le suivaient , portant un cierge à la main. Il fut placé dans le chœur de l'église toute tendue de noir , sous une chapelle ardente , où il reposa jusqu'au 11 septembre, gardé par quatre religieux en prières continuelles , par six soldats , outre le corps-de-garde qui était à sa porte. Ses intestins furent enterrés vis-à-vis le chœur. Le lendemain , le maréchal de Créqui , gendre du Connétable, le comte de Sault , accompagnés de beaucoup de noblesse , se rendent à l'office solennel chanté par les chanoines et les autres ecclésiastiques qui dès-lors le continuent sans relâche. Le jour suivant, Créqui et de Sault , appelés à Grenoble pour des affaires publiques , s'y retirent et donnent ordre à l'apprêt des funérailles. Saint-Mauris , directeur des cérémonies, à la réception du Connétable, se charge de celles-ci. Le 11 octobre on conduit le corps à Grenoble. Il était suivi de ses domestiques et gardes. Les habitans des lieux où il passe l'hono-

rent à son chemin, vont au-devant de lui en processions et en armes, montrent le plus profond respect mêlé à beaucoup de douceur et d'affection.
Trois jours après, il arrive à Grenoble, et y est reçu
en grande cérémonie. On le met dans la place basse
de son hôtel tapissé de noir. La bière était sur un
petit échafaud, sous un grand dais, couverte d'un
drap velours noir, traînant jusques en terre et
croisé d'un satin blanc avec les armes de sa maison et une grande quantité de cierges allumés nuit
et jour; le tout enfermé d'un balustre, afin d'en
éloigner le peuple qui venait en foule prier pour le
repos de son ame. Six soldats français et suisses,
un nombre égal de religieux et l'un des gentils-hommes de sa chambre le gardaient. On appercevait
vis-à-vis la bière, un autre dais, et au bout de la
salle un autel qui servaient à la célébration des mes-
ses qui ne discontinuaient point jusques à midi.

Le 19, jour destiné aux funérailles, le dehors de
l'hôtel du Connétable fut tendu de noir ainsi que les
armes de la maison. La cour de parlement, qui
avait déjà rendu ses devoirs au maréchal de Créqui,
et au comte de Sault, se rend chez eux, et l'ordre
de la pompe funèbre fut observé de la manière
suivante.

Cinq compagnies de la milice bourgeoise, pré-
cédées des lieutenans, les enseignes au milieu, les
capitaines au bout, le colonel seul, s'avancèrent
d'abord, les armes renversées et les tambours couverts de drap noir; immédiatement après, 214 pauvres, vêtus de longues casaques noires, portaient
chacun un flambeau blanc; 200, les armes du con-

nétable (1), et 14, celles de la ville. Les crieurs et mandeurs avec leurs clochettes, casaques et écussons, les compagnies religieuses des Augustins, Recollets, Minimes, Cordeliers, Jacobins, celles de Sainte-Claire et de Saint-Laurent, ayant chacune leurs croix couvertes de crêpe, venaient immédiatement après. Saint-Agmin, prévôt-général de la maréchaussée en Dauphiné, suivi de ses lieutenans de longue et courte robe, de ses greffiers et archers, ayant leurs pistolets renversés, marchait ensuite. Le lieutenant du prévôt-général de la connétablie, vingt-cinq archers du connétable, commandés par le perse leur capitaine, ses officiers au nombre de 50, couverts de casaques noires avec la croix blanche et les carabines renversées, les valets de l'écurie, les laquais chaperonnés, 8 grands chevaux, 6 couverts de drap noir, conduits par des pages, l'un de bataille et l'autre de secours, couverts de velours noir, menés par deux écuyers, le maître d'hôtel portant le bâton de sa charge, les officiers de bouche, suivis du médecin seul, ensuite du chirurgien, de l'apothicaire et des officiers de la chambre, les secrétaires et gens du conseil, quatre trompettes chaperonnés, accompagnés des officiers des compagnies d'hommes d'armes, de celle des chevaux légers, de leurs cornettes, guidons et enseignes, marchaient après. Allons portait les éperons dorés ; Heurtières, les gantelets ; Labastie-des-

_____

(1) Les armes de Lesdiguières étaient des gueules au lion d'or, au chef cousu d'azur, chargé de trois roses d'argent, l'écu orné de sa couronne, de son manteau ducal, et de deux mains droites, tenant l'épée du connétable.

Vignaux, la cotte d'armes; les Orres, l'écu bla-
sonné; Montmiral et Hébert, écuyer du connétable, la lance et le heaume. Les vénérables chapitres
de l'église de Notre-Dame et Saint-André, suivaient
avec leurs bâtonniers et leurs croix couvertes de
crêpe, et après eux, messire Pierre Scarron, évêque et prince de Grenoble, vêtu pontificalement.
Montifaut, prévôt général de la connétablie marchait seul devant les pièces d'honneur ; Bon-Repos
portait le manteau de l'ordre du Saint-Esprit ; Cha-
mani, le collier du même ordre sur un carreau de
velours noir ; Ventavon, le manteau ducal soutenu
par deux hommes qui le suivaient tête nue ; Morges,
la couronne ducale sur un carreau de velours noir,
Lamotte-Verdeyer, capitaine-lieutenant de la compagnie de gens d'armes portait enfin l'épée du connétable sur un carreau de toile d'argent.

Le corps venait après, porté par des suisses,
environné par d'autres, avec leurs hallebardes renversées. Un grand drap de velours noir, croisé de
satin blanc couvrait la bière. Les comtes d'Auriac
et de Tallard son fils, soutenaient les deux coins
à droite ; les baron d'Auriac et de Vitrolle, comme
les plus proches parens de même nom et de mêmes armes que le connétable, les deux coins à
gauche.

Le deuil venait ensuite, où se trouvaient le
maréchal de Créqui, duc de Lesdiguières, le comte
de Sault son fils, chaperonnés, et leurs longues
queues portées par deux gentils-hommes. Ils étaient
conduits par le premier et le second présidens,
suivis des cours de parlement, de la chambre des
comptes, du bureau des finances; les huissiers et

greffiers précédaient et portaient chacun un flambeau blanc. Le corps de la maison-de-ville, les valets et tout le peuple après, composaient la derniere
troupe.

Le convoi arrive à l'église de Notre-Dame,
toute tendue en velours noir, dans l'intérieur et à
l'extérieur ( où l'on remarquait les armes du connétable ), et se range en haie des deux côtés, devant
la porte. Les 214 pauvres entrent dans l'église et
passent dans le cloître. Les compagnies religieuses les suivent et se rendent à l'église paroissiale de
Saint-Vincent. Les archers de la maréchaussée se
tiennent à main gauche, au parvis de l'église ; ceux
de la connétablie à droite. Les soldats des gardes se
tiennent à main gauche, près du chœur et les officiers de l'écurie à droite. Les deux écuyers qui
avaient conduit jusqu'au-devant de la porte de la cathédrale les deux chevaux de bataille et de secours,
eurent leur place dans le chœur, ainsi que les autres gentils-hommes qui avaient porté les petits
honneurs. Ils étaient assis vis-à-vis les gens du conseil, et avaient un banc pour y reposer les pièces
d'honneur. Ceux qui avaient porté les grands honneurs furent placés vis-à-vis la chapelle ardente,
et un autre banc où ils reposaient les pièces des
grands honneurs. Le corps fut mis sous la chapelle
ardente ; le deuil se plaça à main droite du chœur ;
la cour de parlement à gauche ; et lorsque tout fut
en ordre, on chanta les vigiles.

Le lendemain, le cortége assiste au service solennellement célébré par messire Pierre Scarron,
évêque de Grenoble. Le père Grillot, jésuite, pro-
nonça l'oraison funèbre. On laissa le cœur du con-

nétable dans une chapelle fondée par les héritiers,
où l'on devait, à perpétuité, célébrer l'office. De-
là le corps du connétable fut porté avec pompe à
Lesdiguières, dans un sépulchre qu'il avait fait
préparer depuis long-tems, par Jacob Richier,
excellent sculpteur, «Monument, dit Videl, digne de l'ouvrier, mais plus remarquable par ce dé-
pôt précieux ».

—Voici l'exacte description du mausolée de Lesdiguières : le connétable est couché sur un bloc de
marbre noir, la tête appuyée sur la main gauche,
la face tournée vers la porte de l'église. Sa statue
est de grandeur naturelle : il est en bottes armées
de leurs éperons. La draperie est fort bien travail-
lée ; l'habileté de l'artiste se manifeste dans la frai-
se, les dentelles, etc.; la main sur laquelle la tête
est appuyée, est de la plus grande régularité, la
figure est parlante.

Au-dessous de la statue, sont représentées les
victoires du connétable en bas-relief; on y apperçoit le héros dauphinois combattant la lance à la
main, et terrassant ses ennemis. Ces morceaux sont
dignes de l'attention des connaisseurs : l'ancienne
Rome n'offre peut-être guères de morceau plus dé-
licats et mieux finis. A côté du mausolée est une
inscription funéraire sur une table de marbre noir,
en l'honneur de l'épouse du duc, issue de l'illustre
famille de Bérenger. Entre cette inscription et le
monument est une petite porte qui conduit au ca-
vot où toute la famille de Lesdiguières est inhumée.
Les cercueils de plomb ont été découverts, et la
plupart des cadavres sont en poussière. On voit
encore cependant les restes assez bien conservés

du maréchal de Créqui; soit qu'il ait été embaumé avec plus de soin, ou qu'on l'ait découvert long-tems après les autres : sa peau est désséchée, et son visage offre encore quelques traits ; on apperçoit sur la région de l'estomach, les trous faits par les balles qui le privèrent de la vie.

Au-dessus du mausolé est suspendue la lance du connétable ; plus haut l'on apperçoit son épée de bataille, son casque lambrequiné, ses gante-lets, sa cuirasse. La lance est d'un bois de sapin teinte en noir, longue de plus de douze pieds, et armée d'un fer de six pouces de largeur. Son épée paroît toute de fer, parce qu'on ne peut la voir d'assez près pour en juger plus positivement. Il seroit bien glorieux pour Grenoble de possé-der les dépouilles de ceux qui ont illustré la ci-devant province du Dauphiné. Un beau mausolée mérite d'être conservé. La statue d'albâtre qui représente parfaitement François de Bonne, pa-raît faire un effort pour sortir du tombeau sur lequel il est en partie couché. Cette statue est un chef-d'œuvre de correction, de dessin, d'ex-pression et d'invention pittoresque ; il est dommage qu'on ne transporte pas dans l'enceinte de la biblio-thèque ou du muséum de Grenoble, cette statue de Lesdiguières, qui aurait fait honneur au ciseau de Praxitelle.

*Videl* décrit ainsi le tombeau du connétable, qui est en sa chapelle de Lesdiguières. Tout l'ou-vrage est porté par un piédestal de marbre noir, enrichi de quatre basses-tailles représentant la ville de Grenoble, la bataille de Pontcharra, le com-bat des Molettes, & la prise du Fort-Barreau. Au-dessus est élevé un vase ou tombeau de marbre noir, soutenu par deux chérubins de marbre blanc, où repose son effigie de même marbre, couchée et armée à la moderne. Aux deux côtés, sont deux pyramides de marbre noir, et au-dessus de l'effigie, deux anges de marbre blanc soutiennent une table de marbre noir, pour l'épitaphe. Au plus haut paraissent les armoiries de marbre blanc, avec nombre de trophées, tout cela enrichi de fort belles corniches, de moulures, de pointes de diamant, et d'autres pareils ornemens que l'art y a curieusement façonnés.

La chapelle de ce monument est dans l'enceinte du château, composé de six grosses tours, qui renferment deux grands corps-de-logis, environnés de larges fossés revêtus à fond de cuve, avec trois basses-cours fermées de ponts-levis; maison au reste qui, quoique dans un pays stérile, et dépourvu des beautés et des richesses de la nature, donne beaucoup de choses au plaisir, et sent la grandeur et la magnificence de celui qui l'a mise en l'état où elle est.

Messire Salvaing de Boissieu ( 1 ), conseiller

---

( 1 ) Boissieu, l'auteur de cette épitaphe, naquit à Vienne en 1600, fit ses études à Lyon et les acheva à Paris. Il fit sa rhétorique sous les pères Pétau et Coffin, jésuites; sa philosophie sous Janus, Cecile Fray et Isaac Habert : enfin, il étudia la langue grecque sous Frédéric Morel. Son recueil de poésies latines, à la suite desquelles se trouve son commentaire sur l'*Ibis d'Ovide*, donna l'idée la plus avantageuse de l'érudition de Boissieu. La science héroïque lui doit une partie des termes qui lui manquaient, et qui parurent, pour la première fois, dans l'ouvrage de la Colombiere, auquel il a travaillé. Il mourut en son château de Vourey l'an 1683.

d'état, et premier président à la chambre des comptes, aides et finances du ci-devant Dauphiné, en reconnoissance de l'estime dont Lesdiguières l'honora pendant sa vie, par rapport à sa naissance et à son mérite, lui composa l'épitaphe suivante :

## Épitaphe du Connétable de LESDIGUIÈRES.

## P. M.

### Et æternæ Memoriæ

*Heroïs illius ad æternæ seculi sui gloriam nati, qui manu fecit quæ nullus miles ausus esset ; consilio perfecit, quæ pauci duces copiarum magnitudine gesserint ; ex quo per omnes militiæ gradus ad summum Franciæ dignitatum et honorum apicem evectus, nec unquàm potentiâ suâ ad impotentiam usus ; fortunam ergà se non minùs fidelem expertus est, quàm ipse in quatuor reges, afflictis etiam rebus, semper se fidelem præstitit, cùmque satis sibi, parùm patriæ, nimis hostibus vixisset, eique potiùs materia triumphi quàm triumphus deesset, denique cœlestis illi religionis veræ lux affulserit, ne quid felicitati deesset, octuagenario major, anno M. DC. XXVI, 4 cal. octobris, et vincendi et vivendi finem fecit, nullusque in ejus locum suffectus est, nemine ambiente, quod ei muneri parem auctoritatem adferre omnes desperarent ; nulli rege deferente, quod ei nemo rei militaris disciplinâ æqualis reperiretur. Quis ille sciet ignorare, tùm inscitio tùm injuria fuerit, cui namque francorum post hominum memoriam, nisi magno illi francisco*
BONNÆO

BONNÆO LESDIGUERIO', *cujus ad solum nomen hispanus et italus etiam nunc contremiscunt, tanta felicitas cum tantâ virtute contigit?*

*DIONISIUS SALVAGNIUS BOESSIUS, eques, sacri consistorii consiliarius, beneficiorum ergà se non immemor. P. P.*

*Traduction de l'Épitaphe du Connétable de* LESDIGUIÈRES.

## A LA MÉMOIRE ÉTERNELLE

De ce héros né pour la gloire de son siècle, qui fit lui-même ce qu'aucun soldat n'eût osé faire, qui acheva avec maturité ce que peu de généraux n'eussent entrepris sans de grandes forces. De là, après avoir passé par tous les grades de la profession des armes, il fut élevé aux premiers postes et au rang de Connétable de France. Il ne se servit jamais en vain de son pouvoir. La fortune lui fut aussi fidelle, qu'il le fut lui-même envers quatre rois pendant les guerres civiles. Ce grand homme vécut assez pour sa gloire, peu pour la patrie, trop pour les ennemis; et lorsqu'il n'eut plus rien à ajouter à ses triomphes, il fut, afin que sa félicité fût parfaite, éclairé de la lumière de la vraie religion. Il cessa de vaincre et de vivre le 26 septembre 1626, à l'âge de plus de quatre-vingts ans. On ne lui donna point de successeur, parce que nul ne brigua sa charge, et que tous désespéraient de pouvoir la remplir. Louis XIII la laissa vacante, parce que

H

personne n'était comparable à ce grand homme dans la conduite et le gouvernement des armées. Chacun saura, et ce serait une injure de croire qu'on l'ignore ; car quel est celui des Français, de mémoire d'homme, qui ne voit pas que ce guerrier si heureux et si vaillant, est le grand François de Bonne-Lesdiguières, dont le seul nom remplit encore d'épouvante l'Espagne et l'Italie.

DENIS SALVAING DE BOISSIEU, chevalier, conseiller d'état, se ressouvenant des bienfaits qu'il a reçus. P. P.

*Fin de la Vie de Lesdiguières.*

BAYARD

# HISTOIRE ABRÉGÉE

DE

## PIERRE DU TERRAIL,

*Surnommé le bon Chevalier, sans Peur et sans Reproche ;*

*Suivie d'une Notice sur Vaucanson, Mably, Condillac, et Jean-Antoine Berger, organiste de la ci-devant Cathédrale de Grenoble ; le tout extrait d'excellentes sources, et analysé d'après les Auteurs Dauphinois et autres, dont on a, en grande partie, conservé le style original.*

Ces âges, traités de Gothiques,
Étaient les âges des Bayard,
Où les vertus moins politiques,
Tenaient lieu des Sciences et des Arts.

( Bernis.)

## AVANT-PROPOS.

Nous devons distinguer dans la foule des grands hommes que la ci-devant province de Dauphiné a produits, *le bon chevalier Bayard*. La France a eu des guerriers plus célèbres par leurs talents ; mais elle n'en a point de plus fameux par leurs exploits personnels. Bayard n'a jamais été mis par son prince à la tête des armées : il n'a donc pu s'élever à la réputation d'un général ; mais on ne

H 2

citerait point de plus vaillant capitaine. La bravoure des la Noüe et des Crillon n'est pas même
comparable à la sienne. Ce Crillon , qui était
inconsolable qu'on se battît quelque part sans lui,
tenait plutôt son courage de l'impétuosité de son
sang, que du calme de sa raison : il était furieux
dans les combats, et intraitable dans les dangers.
Bayard avait une intrépidité supérieure aux événemens ; elle était aussi généreuse au fort du
péril, qu'au sein de la victoire. Sa valeur avait
quelque ressemblance avec la valeur éclatante de
Henri IV; elle avait seulement plus de modération. Le prince aimait à s'exposer sans nécessité ;
une audace impatiente l'entraînait souvent dans
les hasards qu'il eût été plus glorieux d'éviter.
Bayard, toujours maître de ses mouvemens, n'é-
tait téméraire qu'avec prudence ; et ces traits inouis
de hardiesse, qu'enfante ordinairement le désespoir,
il les devait à un courage réfléchi qui ne s'atta-
chait qu'aux ressources , et lui montrait la victoire où les autres ne trouvaient que la mort. Si
ces différentes nuances séparent le chevalier du
monarque, que de points de conformité les rap-
prochent ! Quelle ardeur bouillante les dévore,
le jour qui les appelle au combat ! Que d'exploits
incroyables que la fable eût à peine osé raconter !
Dans leur vie toute guerrière, c'est la franchise,
la candeur, la modestie naïve, et cette loyauté
chevaleresque dont les modèles sont anéantis. Je
ne justifierai pas par des exemples, l'analogie
des caractères de ces deux grands hommes : ils se
présentent en foule. . . . . . . Je ne puis m'empêcher
de citer un trait de Henri IV, à qui je dois peut-
être l'idée de ce parallèle.

On faisait parcourir à Henri IV, encore enfant, la généalogie de sa maison ; lorsqu'il en vint au connétable de Bourbon, son instituteur l'instruisit de la désertion honteuse de ce prince envers son roi. A cette déloyauté d'un de ses ancêtres, il lui opposa la fidélité héroïque de Bayard , dont le mérite avait toujours resté sans récompense , et qui, en expirant sur un champ de bataille, reprocha au connétable le crime affreux de trahir sa patrie et le sang dont il sortait. Le jeune prince qui avait écouté son instituteur dans le plus grand silence , effaça le nom du connétable, et mit celui de Bayard à sa place. Cette action , aussi simple que sublime , porte au fond du cœur l'attendrissement et le respect. O bon Henri ! comment ne serais-tu pas devenu le meilleur des rois, puisque tant de grandeur et de justice ennoblissait ton enfance ? Quelle adoption pour Bayard ! Ah ! si les honneurs lui ont manqué de son vivant, il n'en est plus que ses manes puissent réclamer ! On applaudissait à Louis XIV d'avoir fait déposer les cendres de Turenne à Saint-Denis, dans le tombeau des rois ; que dira-t-on de Henri IV, qui, d'un seul trait, élève ce brave chevalier jusqu'au rang de ces princes qui avaient méprisé ses services ?

Bayard était, sans contredit, le guerrier le plus redoutable de son tems : c'était, comme s'exprime *le loyal serviteur* qui a écrit sa vie, *la vraie fleur de chevalerie, le non-pareil en prouesses, le passe-preux de tous ceux qui furent depuis deux mille ans ;* mais l'on ne dessinerait que le profil de sa phisionomie , si l'on ne parlait point de sa

H 3

science militaire. C'était à lui seul que l'on con-
fiait les postes les plus importans et périlleux,
lorsque le sort de l'armée était attaché à leur con-
servation; lui seul était consulté dans les momens funestes de crise où il fallait que le génie
luttât contre les dangers d'une position imprudente;
lui seul avait cette imagination fertile en ressources, que la présence du péril enflammait au lieu
de l'éteindre; et c'est ce qui le distingue des chevaliers même les plus renommés de son tems, tels
que les Durfort, les Darces, les Brissac, les
d'Alègre, qui, comme lui, étaient capables d'un
coup de main ou d'un miracle de valeur, mais qui
lui cédaient au conseil, et par-tout où il était
besoin d'allier le talent au courage. Le siége de
Mézières et la bataille de la Bastide, où il a commandé en chef, sont enfin une preuve qu'il pos-
sédait la qualité la plus précieuse dans un général,
celle de produire de grandes choses avec de faibles
moyens, et de gouverner la fortune par l'ascendant de son génie.

On en reconnaissait tellement la force et l'é-
tendue, qu'il était toujours sûr d'être mis à la tête
des expéditions que l'on était forcé de tenter,
mais dont la réussite paraissait offrir des difficultés
insurmontables. Personne ne voulait essayer
d'une gloire qu'on jugeait impossible d'acquérir;
et c'est alors qu'on déférait à Bayard le dangereux honneur de commander. Ce furent, pour ainsi
dire, les seules graces qu'il obtint, parce qu'elles
sont du nombre de celles que les courtisans ne
sollicitent pas. Bayard, simple et modeste, ignorait le chemin des honneurs et de la fortune; et

comme il ne s'assignait point de place au milieu de tant de gens qui en demandaient, on crut qu'il lui était inutile de lui en donner. Il est étonnant que Bayard, qui avait fait tant de fois un usage heureux de ses talens, qui avait gagné des batailles, emporté des villes et soutenu un siége mémorable, que ce grand homme soit confondu dans les derniers grades d'une armée.

Ce qui détermina encore sa supériorité sur tous ses contemporains, c'est sa générosité presqu'incompréhensible. Sans fortune, ne recevant rien de ses maîtres, ses mains étaient toujours ouvertes pour donner, et n'étaient jamais vides de présens. Dès sa plus tendre jeunesse, dit son historien, *nul de ses compagnons n'était démonté, qu'il ne le remontât; s'il avait un écu, chacun y partageait.* Son désintéressement est peint de la manière la plus touchante dans l'histoire de sa vie; et c'est une remarque honorable pour la province (de Dauphiné), qu'elle ait tout-à-la-fois produit le héros et l'historien. Son ouvrage est le plus précieux monument qu'ait produit la littérature ancienne; chef-d'œuvre de sentiment, d'expression, de naïveté, et dans lequel son auteur nous a bien montré qu'il sentait le prix de cette modestie aimable de son héros: il a eu la douce simplicité de n'oser mettre son nom à la tête d'un ouvrage que l'on regarde aujourd'hui comme une des meilleures productions du seizième siècle.

Bayard, par l'éclat de ses talens, la grandeur de ses services, et sur-tout par cette haute vertu qui le rendit l'objet de la vénération publique, eut une influence marquée dans les révolutions de son tems, et même sur les mœurs générales. Dans les armées, il était le modèle qu'on proposait à l'ardente jeunesse ; et sa seule présence était une loi de discipline plus forte que toutes les institutions. Nul homme d'armes n'eût osé commettre une lâcheté sous les yeux de Bayard ; et tous ceux qui suivaient la carrière de la gloire, étaient certains d'atteindre à la véritable , en marchant sur les pas de ce héros. On se tromperait bien grossièrement, si l'on pensait que son existence , bornée dans les limites d'un camp , se réduisait à être utile à un petit nombre de guerriers, qui avaient la noble ambition d'être ses émules. La réputation de Bayard remplissait toute l'Europe ; un simple capitaine de cent hommes d'armes était accueilli , demandé par tous les souverains. Le seul qui aurait dû le récompenser, le connaissait assez pour ne pas prendre contre lui la précaution de l'accabler de dignités. Dans ces tems où les grands de l'état avaient une puissance indépendante du monarque, il fallait les subjuguer par les honneurs ; Bayard n'avait d'autre lien que son devoir : l'oubli de sa personne était fondé sur la certitude de la conserver ; mais aussi, toutes les distinctions qui ne sont qu'honorables lui étaient décernées. C'est lui qui reçoit chevalier François I. à Marignan ; c'est lui qui décore du même titre le fils du connétable de Bourbon ; c'est lui que la voix publique appelle à la défense de Mézières ; c'est lui que son général choisit pour arrêter sur un pont, avec douze gendarmes , toute une armée ennemie. Tant d'actions héroïques l'environnaient d'un éclat que les graces des souverains ne pouvaient augmenter. Sans décorations, sans titres, sans fortune , chargé de sa seule renommée , il ne se présentait nulle part , qu'on ne lui rendît tous les honneurs que la flatterie prodigue sans choix à tous les princes, graces que l'estime publique n'accorde qu'aux héros.

Un tel homme dominait trop son siècle, pour n'avoir pas eu quelqu'influence sur lui. La chevalerie, dont il rehaussa la gloire et ranima l'énergie, semble n'avoir eu d'autre durée que celle de son régénérateur. Il est bien sûr que François I. eut le projet de lui rendre tout son lustre, et que, pour y parvenir, il associa le nom de Bayard à ses grands desseins. Le monarque sentit son impuissance ; il comprit que la persuasion appartient à l'exemple, et non pas à l'autorité. François I. et Bayard réunis, ne firent pourtant que de vains efforts. Bayard fut le dernier des *chevaliers français*, à-peu-près comme Brutus fut le dernier des Romains. — Il est tems maintenant d'entrer en matière.

***

La maison *du Terrail* est sortie de l'Allemagne. Elle vint s'établir en Dauphiné dans le tems où les Empereurs y exerçaient une espèce de souveraineté ; elle prit son rang et ses alliances avec la plus haute noblesse. Bayard (1) naquit près de Grenoble, l'an 1476, au château dont il porta le nom, sous le règne de Louis XI. Il prit, dès l'âge

_____

( 1 ) Bayard portait pour armes, d'azur au chef d'argent , chargé d'un lion naissant de gueules , un filet d'or mis en bande, brochant sur le tout.

de 13 ans, le parti des armes. L'évêque de Grenoble, son oncle, le présenta à Charles I., duc
de Savoie, qui le reçut au nombre de ses pages.
Les graces de sa jeunesse, son heureux caractère,
la bonté de son cœur, le firent aimer de toute
la cour. Le duc vint joindre à Lyon Charles VIII,
roi de France ; Bayard fut du voyage. Le roi,
en le voyant à cheval, fut frappé de son adresse
et de sa bonne mine ; il le demanda au duc avec
instance, et Bayard passa au service de son vrai
maître. A peine avait-il dix-sept ans, que Luxembourg, comte de Ligni, le fit homme d'armes :
il le fit entrer dans sa compagnie d'ordonnance ;
Louis d'Arces en était lieutenant. Ce fut sous ce
capitaine, un des plus célèbres du Dauphiné, que
Bayard apprit à combattre.

Charles, ébloui par de vaines promesses, revint
à Lyon, méditant de vastes projets. Il fit publier
un tournoi, exercice mêlé de guerre et de galanterie, auquel la valeur et l'amour donnaient une
grande importance, et qui n'avait alors pour but
que de préparer les esprits à une expédition plus
éclatante. Vaudrey, officier distingué, fit exposer ses écussons. Tout gentilhomme qui voulait
entrer en lice, devait y porter la main, et donner son nom au roi d'armes. Bayard osa s'approcher ; le roi d'armes, surpris de sa hardiesse, lui
dit : « Jeune homme, vous n'êtes qu'un enfant,
et vous voulez vous jouer au plus rude chevalier » !
*Si j'ai touché là*, répondit Bayard, *ne croyez pas
que ce soit par orgueil ; c'est pour apprendre le mé-
tier des armes, de ceux qui peuvent m'en donner des
leçons.*

La noblesse accourut à cette fête militaire ; le tournoi s'ouvrit avec magnificence ; les plus vaillans chevaliers combattirent , et tout le monde convint que personne n'avait mieux fourni sa carrière que le jeune Bayard. Ce fut dans l'ivresse de cette joie universelle , que Charles fit éclater ses imprudens projets. La manie des conquêtes , l'intérêt des ministres , les divisions de l'Italie firent résoudre une guerre qui désola la France sous trois règnes consécutifs. Cette guerre désastreuse occupa la vie entière de Bayard ; étranger aux passions qui l'entreprirent, il en fut le héros et la victime.

## PREMIER RÈGNE. (1494.)

Charles VIII avait des droits sur le royaume de Naples, et peu de moyens pour les faire valoir ; il manquait d'hommes et d'argent. Le Dauphiné, libre du consentement des impôts, lui fit des dons. La noblesse du Dauphiné fit des merveilles à Fornoue ; les Sassenage, les Allemand se distinguèrent dans cette fameuse journée ; Montoison sauva le roi ; Dupoët mérita d'être fait chevalier ; Chambaran, à peine sorti de l'enfance, se fit remarquer. Bayard, qui combattait à l'avantgarde, eut deux chevaux tués sous lui ; il enleva une enseigne de cinquante hommes d'armes, et présenta au roi ces prémices de sa valeur naissante. Les Dauphinois qui s'étaient signalés à Fornoue, montrèrent leur valeur devant Novarre. Bayard y pleura la mort de ses plus chers parens. Charles fit lever le siége , délivra le duc d'Orléans et repassa en France. Quelque tems après, la mort qui frappe à son gré les rois comme les derniers des sujets, enlève ce jeune prince, et Louis XII lui succède.

## SECOND REGNE. (1498.)

Louis XII, héritier des droits de Charles VIII sur le royaume de Naples, et de ceux de Valentine Viscomti, son ayeule, sur le duché de Milan, entreprit cette double conquête. Sforce avait consommé son crime ; Louis parut, et l'usurpateur s'enfuit. Le Milanais fut conquis ; gênes se soumit ; on fit des traités, et le vainqueur revint en France. Bayard profita de ce loisir pour aller en Piémont. Charles I. était mort ; Blanche Paléologue, sa veuve, tenait sa cour dans Carignan. Bayard y fut accueilli par l'amitié ; il éprouva un sentiment plus tendre pour une dame de cette cour, à qui il donna le spectacle d'un tournoi ; et sous les auspices de l'amour épuré au sein de la chevalerie, la valeur remporta le prix. Louis avait récompensé ses grands officiers, en leur donnanr des villes en Italie, à titre de fiefs. Le comte de Ligni en tenait plusieurs dans le Milanais ; elles se révoltèrent. Luxembourg partit, accompagné par d'Arces et Bayard.

Ils étaient en route, lorsque vingt députés se présentèrent. Ces députés se jettèrent aux pieds du comte ; ils lui offrirent de magnifiques présens, et demandèrent grace. D'Arces fléchit son courroux ; Luxembourg n'accepta pas néanmoins les présens ; mais appercevant Bayard, il lui dit :

« Prenez cette argenterie , je vous la donne. »
*A Dieu ne plaise*, répondit Bayard , *que ce qui
vient des traîtres entre chez moi.* A l'instant , il en
fit la distribution à ceux qui l'environnaient. « Quel
désintéressement , s'écrie le comte ! Je prévois que
Bayard sera un jour un des hommes les plus par-
faits. » Sforce , qui s'était retiré en Allemagne ,
revint à la tête d'une armée , et la guerre re-
commença. Les Français établirent leur quartier
général à Mortare. Trois cents chevaliers parurent dans la plaine ; Bayard, toujours prêt à combattre , partit pour les attaquer avec cinquante
maîtres. les deux troupes se rencontrèrent. Semblable aux preux chevaliers du tems de Charle-
magne , aussi terrible que Roland ou que l'un
des quatre fils Aymon , Bayard abattait tout ce
qui se présentait devant lui. « Courage , mes
amis , disait-il à ses compagnons , redoublons nos
coups, renversons-les. » Les Lombards accablés
s'enfuient. Bayard, emporté par sa valeur , les
poursuit sans songer à la retraite ; il entre dans
Milan avec eux , et les chasse jusqu'au palais
du prince. Ludovic voulut connaître le guerrier
qui avait montré tant d'audace. Quelle fut sa
surprise , de voir un jeune homme de vingt-quatre
ans, d'une taille élevée, d'un air modeste , d'un
visage doux et gracieux ! Bayard se présenta avec
une noble assurance, et cette gaîté chevaleresque
qui ne l'abandonnait jamais. Approchez , lui dit
le duc , et dites - moi ce qui vous amène ici.
« Monseigneur, je ne croyais pas être entré seul ;
je vois que mes compagnons sont plus expéri-
mentés et plus sages. » == De combien est l'ar-

mée française ? == « Je vous jure qu'elle est de quinze cents hommes d'armes, et de dix-huit mille hommes de pied, tous gens d'élite et résolus de soumettre le duché de Milan à mon maître. » == Eh bien ! je souhaite que le sort d'une bataille en décide. == « Je voudrais que ce fût demain, pourvu que je fusse hors de prison. » == « Qu'à cela ne tienne ; dès ce moment vous êtes libre ». Bayard exprima sa reconnaissance ; on lui rendit son cheval et ses armes, et il se hâta de rejoindre l'armée.

Sforce quitte Milan pour s'enfermer dans Novarre ; cette place tombe au pouvoir des Français. Bayard commandait dans Monervine. Son activité infatigable lui faisait chercher des hasards.

Il sort à la tête de trente gentils-hommes, dans le tems où Don-Alonzo-de-Sotto-Mayor était parti de la ville d'Andres avec cinquante guerriers. Ces deux capitaines, animés d'une égale ardeur de la gloire, ne tardent pas à se rencontrer. « Allons, mes amis, s'écrie Bayard en les voyant, voici ce que nous cherchons. » A l'instant les Français, la visière baissée, la lance en arrêt, tombent sur les Espagnols. La cavalerie espagnole, légèrement armée, ne peut soutenir le choc des lances françaises ; elle fut rompue. Partie des ennemis reste sur la place ; les autres prennent la fuite : leur commandant fuyait lui-même ; Bayard s'attache à lui ; il le poursuit l'épée dans les reins ; et prêt à le frapper, il lui crie : *Rends-toi, homme d'armes, ou tu es mort.* — « A qui me rendrai-je, dit Alonzo » ? — *Au capitaine Bayard*, répond le chevalier. — A ces

mots, l'orgueil espagnol est satisfait, et le guerrier jette bas les armes.

Bayard traita généreusement son prisonnier ;
il se contenta d'exiger son serment qu'il ne sor-
tirait pas de la ville sans sa permission. Alonzo
attendait la rançon avec impatience ; il s'évada
sous prétexte d'en aller chercher le prix. Bayard
le fit reprendre et enfermer dans une tour. La
rançon arriva ; Bayard la distribua à ses compagnons d'armes, et il congédia Alonzo, qui, témoin
de tant de grandeur d'ame, partit le cœur ulcéré.
A son retour, Alonzo se permit des discours injurieux : il eut la témérité de menacer Bayard.
Le chevalier indigné lui fit écrire une lettre (car
à peine savait-il signer son nom ) ; il somma cet
ennemi déloyal de désavouer ses propos ou de
les soutenir les armes à la main. Alonzo n'ignorait pas que Bayard était dans ce moment affaibli
par la fièvre ; il répondit arrogamment qu'aucune
puissance sur la terre ne pouvait le faire dédire.

Le jour, le lieu, les témoins furent convenus.
Bayard, vêtu de blanc par modestie, se présente
le premier, monté sur son cheval de bataille, et
armé de toutes pièces. Alonzo avait éprouvé la
supériorité de son adversaire dans ce genre de
combat ; il réclame le choix des armes, et ne
veut se battre qu'à pied. Cette proposition était
contre les lois de la chevalerie ; Bayard pouvait
se retirer ; ses amis le désiraient ; son état lan-
guissant semblait l'exiger ; mais rien n'est capable
d'ébranler sa résolution. « Sur une bonne querelle,
répondit-il assez plaisamment, peu m'importe d'ê-
tre *défendeur* ou *demandeur* ». Bayard descend de

cheval ; il s'élance le visage découvert ; d'une main il tient l'estoc , er de l'autre le poignard. En entrant dans le champ de bataille , il se met à genoux ; il atteste le ciel qu'il n'est venu que pour venger son honneur outragé , et il demande son assistance ; il se relève et marche vers Alonzo avec le sang-froid qui ne l'avait jamais abandonné. Alonzo se présente tenant sa longue épée , et le poignard à la ceinture. Ces deux guerriers fondent l'un sur l'autre à coups redoublés. L'Espagnol, grand et robuste , a plus de vigueur ; le Français , quoique malade et faible , a plus d'adresse. Le combat est long, le succès balancé ; les spectateurs tremblent. Alonzo , dangereusement blessé, voit couler son sang , et il devient furieux ; il s'élance sur bayard , le saisit au milieu du corps, et l'entraîne dans sa chûte ; ils se débattent quelques instans ; Bayard lui porte un coup de poignard ; le fer pénètre , et déjà Alonzo n'est plus. Bayard se retourne vers les Espagnols , et leur dit : « Les dépouilles et les armes de cet infortuné chevalier m'appartiennent ; je vous les remets : que ne puis-je vous le rendre vivant ! » A l'instant il baise humblement la terre , et rend graces de cette victoire au dieu des armées.

L'armée gardait les bords du Garillan ; elle abandonne son poste pour se rendre à Gaëte. Quinze chevaliers , dirigés par Bayard , firent l'arrière-garde. Gonsalve commençait à désespérer d'atteindre les Français ; il détache Colonne avec la cavalerie légère , pour les harceler et retarder leur marche. Colonne ne pouvant pas réussir à les rompre , laisse quelques soldats pour continuer l'attaque ;

l'attaque ; et avec le reste de sa troupe, il prend le chemin des hauteurs, dans l'intention de tomber sur le flanc de l'infanterie. Bayard s'apperçut de ce mouvement ; il prévit ses effets : c'était le coup d'œil d'un Condé ou d'un Turenne. Il partit avec un écuyer, et il se porta sur un pont où l'ennemi se proposait de passer. Lorsqu'il vit arriver Colonne, il renvoya son écuyer pour demander un renfort. Placé *seul* au centre de ce pont, comme un autre Coclès, aussi courageux que ce romain, il attendit l'ennemi, la lance en arrêt. Quiconque osait se présenter, était renversé. Il arrêta les Espagnols, sauva l'armée, et tint ferme jusqu'à ce que ses compagnons vinrent pour le dégager. Bayard se retira en bon ordre ; son cheval, accablé de lassitude, le renversa dans un fossé. Aussi-tôt trente hommes l'assaillirent, en lui criant : *Rendez-vous*. « Il le faut bien, leur répondit tranquillement Bayard, puisque je suis seul contre tous. » Les ennemis l'emmenèrent sans le connaître.

Les chevaliers français s'apperçurent bientôt que Bayard ne paraissait point. Guiffrey s'écria : » Mes amis, nous avons tout perdu ! Bayard nous manque. Je fais vœu d'en avoir des nouvelles, dussé-je y perdre la liberté ou la vie. » Il vole ; ses compagnons le suivent, ils atteignent les Espagnols. « Tournez, tournez, leur dirent-ils ; car vous n'emménerez pas la *fleur de chevalerie.* » Cette saillie française, au milieu du carnage, étonna les Espagnols. Bayard saute sur le cheval d'un cavalier qui venait d'être renversé ; et joignant l'ironie à la bravoure, il prononce son nom. «*Bayard,*

I

*Bayard*, leur crie-t-il ! quoi ! vous laissez aller *Bayard* ! » Dès que les Espagnols entendirent nommer le chevalier, ils prirent la fuite. Les Français, contens d'avoir arraché de leurs mains leur *vrai guidon d'honneur*, rejoignirent l'armée, qui étant renfermée dans Gaëte, fut contrainte de capituler.

(1506.) Louis repasse en Italie. Bayard, quoique malade de ses blessures, se serait cru déshonoré s'il n'avait pas suivi son prince. L'armée arrive aux portes de Gênes ; l'entrée en était défendue par une montagne garnie d'un bastion. Le roi charge Bayard de reconnaître ces fortifications ; le chevalier appelle l'élite de la noblesse ; les gentils-hommes de Dauphiné se présentent ; les Montoison, les Molard, les Maugiron, les Poitiers le suivirent : il leur donna l'exemple de gravir la montagne, et le fort est enlevé. Les soldats effrayés se précipitent vers la ville ; la superbe Gênes se soumet à la clémence du roi ; Louis lui pardonne ; mais son plus grand bienfait fut de nommer gouverneur un honnête homme.

( 1508. ) Ce monarque fit passer des troupes dans le duché de Milan. Les gentils-hommes du Dauphiné, Molard, d'Arces, Imbaud, Bayard, en prirent le commandement, et se chargèrent de les discipliner.

Les armées se trouvèrent en présence près du village d'*Aignadel*. L'infatigable Trivulce, inspiré par la haîne contre les Italiens, prédit le gain de la bataille, et la discipline militaire l'obtint : les Vénitiens furent renversés. Bayard, Maugiron, Molard, le jeune Boutieres, se signalèrent. Le président Carles montra qu'il savait aussi manier l'épée ; le roi le créa chevalier sur le champ de bataille. Déjà la ligue de Cambrai était rompue, Les Vénitiens avaient recouvré Trévise et Padoue, lorsque l'empereur Maximilien demanda des secours à la France pour reprendre ces deux villes. Bayard et plus de deux cents gentils-hommes passèrent dans l'armée de ce prince. Maximilien assiégea Padoue ; les avenues de cette place étaient garnies de quatre fortes barrières couvertes de canons. Bayard et ses compagnons attaquent la première et l'enlèvent ; ils marchent à la seconde et l'emportent ; les ennemis, vivement poursuivis, n'ont pas le tems de se loger dans la troisième ; à peine sont-ils dans la quatrième, que Bayard s'écrie : « Mes amis, ceci dure trop ; mettons pied à terre, et forçons-les. » Ils montent sur le retranchement ; Bayard arrive le premier ; il franchit la barrière, et dit en s'élançant : *ils sont à nous*. Ses compagnons le suivent ; l'ennemi en désordre se sauve dans la ville ; on lève le siège ; les Français et les Allemands se séparent ; Bayard se retire dans Véronne.

Le pape Jules II désespérait d'avoir Ferrare par la force ; il entreprit de la surprendre par trahison. Alphonse, réduit à l'extrémité par les embûches de cet implacable ennemi, fut tenté de s'en délivrer par le poison. « Non, dit Bayard, je ne consentirai jamais qu'il périsse de la sorte. » La vertueuse résistance du chevalier détourne le duc de cet horrible projet, et lui conserve l'honneur plus précieux que ses états. Jules, aux portes du tombeau, disposait encore des forces de l'Europe. Ce génie inquiet et ardent fut l'ame d'une nouvelle ligue ; il l'appella la *sainte union*. L'armée des confédérés se mit en campagne ; Nemours, débarrassé des Suisses, accourut avec Bayard ; il secourut Bologne, et vola devant Bresse. Bayard s'approche de l'ennemi et l'attire au combat. Les Vénitiens, abusés par ce petit nombre, se rangent en bataille. Lorsque les deux troupes sont aux mains, Nemours, *le foudre d'Italie*, renverse tout, et pénètre dans la citadelle. Molard est commandé pour attaquer la ville ; Bayard observe qu'il faut soutenir ce capitaine contre le feu de l'ennemi. « C'est fort bien vu, lui dit Nemours ; mais qui s'opposera devant cette nombreuse artillerie ? » *Ce sera moi*, répond Bayard. Molard et les braves Dauphinois vont à l'assaut ; Bayard, *le non-pareil en prouesses*, les soutient avec ses hommes d'armes : il est dangereusement blessé, le fer reste dans la plaie, il tombe nageant dans son sang. « Compagnon, dit-il à Molard, faites avancer vos soldats, la ville est prise ; quant à moi, je ne saurais passer outre, et ma mort s'approche. » Le général entend ces paroles : *Amis*, s'écrie-t-il, *vengeons le bon chevalier*. Ces mots élèvent tous les courages. A l'instant, Nemours et les Français sautent dans les retranchemens, on combat avec fureur, les Vénitiens sont passés au fil de l'épée, les chefs périssent par la main du bourreau, 22,000 morts sont étendus sur la place, et la ville de Bresse éprouve, pendant sept jours, toutes les horreurs du pillage.

Une seule maison fut épargnée ; ce fut celle où l'on transporta Bayard après la bataille. Elle était habitée par une mère et ses deux filles. Cette mère tremblante se jetta aux pieds de Bayard : *Ah! Seigneur*, lui dit-elle, *sauvez l'honneur à mes filles.* « Rassurez-vous, répondit le chevalier ; je ne sais si, dans l'état où je suis, j'ai long-tems à vivre ; mais tant que je respirerai, vous serez en sureté. » Bayard fit placer des gardes à la porte ; le soldat farouche respecta cette retraite, et la valeur servit d'asile à la vertu.

Nemours rendait de fréquentes visites au chevalier ; il le chérissait comme un père. « Bayard, mon ami, lui disait-il, songez à vous guérir ; car il nous faudra bientôt donner une bataille, et j'aimerais mieux avoir perdu tout mon bien, que si vous n'y étiez pas ». J'y serai, répondit le chevalier, *dût-on m'y porter en litière.* Nemours, charmé de cet espoir, quitte la ville pour aller joindre les ennemis. Hélas ! il court à la mort.

Lorsque Bayard eut fixé le jour de son départ, la dame dont il occupait la maison, entra dans la chambre de son libérateur ; elle se mit à ses genoux, en lui disant : « Seigneur, nous vous devons l'honneur, la vie et nos biens ; daignez accepter cette faible marque de notre reconnaissance ». En même tems elle lui présenta une cassette remplie de ducats. *Combien y en a-t-il*, demanda Bayard, en souriant ? *Deux mille cinq cents*, répondit cette dame, *c'est tout ce que nous avons ; si vous en exigez davantage, nous tâcherons de les trouver.* « Non, madame, répliqua Bayard, reprenez vos ducats. Les soins que vous m'avez rendus me sont plus précieux que tout l'or que vous pourriez m'offrir ; j'ai toujours moins aimé l'argent que les personnes. » ═ Cette mère attendrie restait au pied du chevalier ; elle ne voulut point se relever avant qu'il eût accepté son présent. « Eh bien ! je le reçois, lui dit Bayard, à condition que vous m'accorderez le plaisir de faire mes adieux à vos aimables filles. » ═ Elles entrent. « Mes demoiselles, leur dit le galant chevalier, je suis pénétré de vos bontés, je ne sais comment les reconnaître. Les gens de guerre ne sont pas chargés de bijoux : recevez chacune mille ducats, comme un présent de noces ; je destine les cinq cents qui restent, pour les monastères qui auront le plus souffert de la fureur des soldats ». Fleur de chevalerie, s'écria la dame, Dieu seul peut dignement vous récompenser ═ Des larmes de reconnaissance vinrent embellir cette touchante scène. Bayard, en partant, sembla s'arracher du sein de sa propre famille.

Il arriva au camp des Français, et la bataille fut résolue. Le premier service qu'il rendit, fut d'empêcher la retraite des Lansquenets, infanterie célèbre, que l'empereur avait formée, et qu'il voulait rappeler.

L'armée d'*union*, quoique plus nombreuse, fut attaquée et vaincue devant Ravenne. Bayard trouva Nemours dans la mêlée, faisant des prodiges de valeur ; il lui donna le sage conseil de rester sur le champ de bataille, tandis qu'avec d'Arces il suivrait les fuyards. Gaston oublia cet avis : l'impétuosité française, si souvent fatale à cette nation, causa sa mort. Le général apprit que la cavalerie espagnole se retirait en bon ordre ; il eut la faiblesse de craindre qu'une si belle retraite ne flétrît ses lauriers ; il courut pour s'opposer à la colonne ennemie , et il tomba percé de coups. Cette victoire fut bien funeste ! Louis s'écria en l'apprenant : *Souhaitons-en de pareilles à nos ennemis.* Elle coûta le sang le plus précieux du Dauphiné ; Molard et les deux Maugiron périrent.

Les débris de l'armée se retirèrent. A peine les Français sont-ils dans Pavie , que les ennemis y entrent : on combat au milieu de la ville , d'Arces en était gouverneur , et ce titre lui fait déployer un nouveau courage. Bayard le seconde vaillamment : avec trente hommes , il arrête les Suisses pendant deux heures au détour d'une rue. Son lieutenant vient l'avertir que de nouvelles troupes approchent ; il passe le Tésin sur un pont que sa prévoyance avait fait construire ; tandis qu'il s'occupe à le faire rompre , il est dangereusement blessé. Les Français en désordre continuent leur marche ; ils sont plutôt chassés qu'ils ne sortent de l'Italie.

Bayard se rend à Grenoble ; la noblesse et le peuple le reçoivent avec des transports d'admiration ; on accourt de tous les lieux de la province , pour le contempler. La joie fait bientôt place à la tristesse la plus profonde ; une fièvre ardente réduit le bon chevalier à l'extrémité. Bayard voit les approches de la mort avec autant de sang-froid qu'il l'avait affrontée dans les combats. Il se jette avec résignation dans les bras du Dieu qu'il n'avait jamais oublié , et il attend en héros chrétien sa dernière heure. Le seul regret qu'il se permet , est de n'avoir pas perdu la vie sous les

murs de Bresse, ou devant Ravenne, en combattant pour son roi.

La maladie de Bayard jette la ville dans la
consternation. Les citoyens de tous les ordres se
rendent aux pieds des autels, et leurs vœux sont
exaucés.

Bayard logeait près d'une jeune personne d'une
rare beauté, mais d'une extrême indigence. Sa
mère, guidée par de criminels desseins, et ne
prenant conseil que de sa pauvreté, la força de
se laisser conduire dans la maison du chevalier.
Bayard arrive au milieu de la nuit; il entre dans
son appartement, et voit cette aimable fille. A
peine l'eut-elle apperçu, qu'elle se jette à ses
pieds. « Monseigneur ( lui dit-elle en versant un
torrent de larmes qui augmentaient encore l'é-
clat de ses charmes ), ne déshonorez point
une malheureuse victime de la misère; donnez-
moi plutôt la mort. » Le chevalier, dont la sévère probité ne se démentit jamais, lui dit : « Le-
vez-vous, mademoiselle, vous sortirez de ma
maison aussi sage et plus heureuse que vous n'y
êtes entrée. » Sur-le-champ il la conduit dans une
retraite honnête; le lendemain il fait appeler la
mère, lui reproche l'indigne abandon qu'elle avait
fait de sa fille; et pour garantir désormais la vertu
de la jeune personne d'un si funeste écueil, il la
marie, après lui avoir assuré une dot : sublime
et touchant exemple d'une générosité dont notre
siècle offre peu d'imitations.

( 1513. ) La perte de la bataille de Novarre,
où Neuillon commandait, où Buffevent fut tué, fit
oublier l'Italie. Les malheurs de Louis ne furent

compensés que par la mort de Jules. II, et par la paix avec les Vénitiens ; mais la ligue conclue à Malines menaçait la France. Henri VIII, roi d'Angleterre, vint débarquer à Calais avec 30,000 hommes ; l'empereur, oubliant sa dignité, se rend dans son camp en qualité de volontaire, et s'abaisse jusqu'à prendre une solde déshonorante.

Les deux armées en vinrent aux mains près de Guinegatte ; et les Français, frappés d'une terreur subite, se sauvèrent avec une précipitation qui fit appeler leur déroute *la journée des éperons*. Bayard se saisit d'un poste avantageux, et avec 1500 hommes d'armes, il arrêta les ennemis : il aurait rétabli l'ordre s'il eût été secondé ; mais se voyant abandonné, il fut forcé de se rendre. Sa présence d'esprit lui fit prendre un parti ingénieux et prudent. Il apperçut de loin un Anglais richement armé, qui s'était jeté au pied d'un arbre pour s'y reposer. Il pique droit à lui, saute de son cheval, et lui tenant la pointe de son épée sur la poitrine : *Rends-toi*, lui dit-il, *ou je te tue*. L'Anglais se rend sans résistance, et demande le nom de son vainqueur. « Je suis, répond le chevalier, le capitaine Bayard, qui vous rend votre épée avec la sienne, et qui se fait aussi votre prisonnier ». Quelques jours après, le chevalier voulut se retirer. *Et votre rançon*, lui dit le gendarme ? *Et la vôtre*, répondit Bayard ? *Je vous ai pris avant de me rendre à vous, et j'avais votre parole, lorsque vous n'aviez pas encore la mienne.* Cette singulière contestation fut portée au tribunal du roi d'Angleterre et de l'empereur, qui décidèrent que les deux prisonniers étaient mutuellement quittes de leurs promesses

L'empereur combla Bayard de Caresses. « Capitaine, mon ami, lui dit-il, j'ai grande joie de vous voir ; plût à Dieu que j'eusse beaucoup d'hommes tels que vous ! » Le roi d'Angleterre ajouta : « Je crois que si tous les gentils-hommes étaient vos pareils, le siége que j'ai mis devant Térouane serait bientôt levé. » Ce monarque fit proposer à Bayard d'entrer à son service, en promettant de le combler d'honneurs et de biens. Le bon chevalier se contenta de répondre, avec une noble fierté, qu'il n'aurait jamais que deux maîtres, un au ciel et l'autre sur la terre ; qu'il ne voulait servir que Dieu et le roi de France.

Un traité fut signé à Lille. Bayard, digne successeur de Molard, fut envoyé en Dauphiné, en qualité de lieutenant-général de cette province. La noblesse était en possession de présenter au roi le gentil-homme qu'elle jugeait le plus digne de remplir cette charge ; et ce choix honorable était confirmé.

La guerre fut terminée par le mariage de Louis avec la sœur du roi d'Angleterre. On fit à Paris un tournoi ; Bayard, Clermont, Boissieu, Maugiron s'y distinguèrent. Les infirmités du roi trouvèrent un mortel remède dans les charmes de la nouvelle épouse, et il succomba bientôt après.

III.ᵉ RÉGNE ( 1515. ) *Loyal. serv. chap.* 59 *et suiv. Chor. hist. de Dauph. liv.* 15 *et* 16. *Garnier hist. de France, tom.* 23 *et* 24.

FRANÇOIS I.ᵉʳ fut porté sur le trône par les efforts immodérés que fit Louis XII pour l'en écarter. L'ambition, l'imprudence, la prodigalité de ce jeune monarque ajoutèrent aux calamités publiques, et ses plaisirs coûtent encore des pleurs à la France.

En prenant la qualité de duc de Milan, il déclara la guerre à l'Italie. Tandis que son armée franchissait les Alpes, Bayard eut ordre d'aller en avant. Colonne, général de la cavalerie ennemie, était sur les terres du marquisat de Saluces; il s'était vanté de prendre le chevalier *comme le pigeon dans la cage*, et Bayard résolut de l'enlever au milieu de ses troupes. Le roi, instruit de ce projet, ordonna à Lapalice, Imbercourt et d'Aubigni, d'aller joindre le chevalier. Ces guerriers généreux, dont le premier était maréchal de France, et les deux autres officiers supérieurs, n'écoutèrent point le faux honneur qui leur disait que Bayard était moins élevé qu'eux; ils se montrèrent vraiment dignes de commander, en sacrifiant au bien de l'Etat des rivalités indignes d'eux.

Colonne ne soupçonnait pas, dans Ville-Franche, le danger qui le menaçait. Il était à table dans une imprudente sécurité, lorsqu'on vint l'avertir que la bannière de Bayard flottait dans la plaine. Bientôt des cris redoublés lui annoncèrent que l'ennemi était maître de la ville; il fut fait prisonnier; ses hommes d'armes perdirent leurs chevaux et leurs équipages : les Suisses accoururent; ils entraient par une porte, dans le tems que les Français, chargés de butin, sortaient par l'autre. Ce succès fit le plus grand honneur à Bayard; il priva l'ennemi d'un général habile, et mit la désunion parmi les Suisses, qui, sans alliés et sans argent, se virent réduits à garder le Milanais. Les Français ne tardèrent pas de camper près de Marignan : on se battit pendant deux jours ; les ennemis, écrasés et non vaincus, abandonnèrent le champ de bataille ; ils firent leur retraite avec l'orgueil d'une victoire. Trivulce appella cette journée *le combat des géants.* Plus de trois cents gentils-hommes du Dauphiné se trouvèrent à cette bataille. Bérenger, Sassenage, Clermont, Monchenu, de Vesc, de Latier, d'Eurre, de la Tour, Beaumont, Grolée, etc. etc. ayard avait combattu à côté de François I.er, et ce monarque, témoin de sa rare valeur, voulut la récompenser par une distinction qui fut généralement applaudie. « Bayard, mon ami, lui dit-il, ce sera aujourd'hui que je serai fait chevalier par vos mains ». Bayard s'en défendit avec cette modestie qui relevait l'éclat de ses belles actions : il observa qu'il y avait dans l'armée des capitaines bien plus dignes que lui de cette faveur. « Je le veux, répliqua le roi, et nul ne vous doit porter envie, parce que celui qui a combattu à pied et à cheval contre tous autres, est réputé le plus digne chevalier ». *Je n'ai donc qu'à obéir*, répond le héros. Il tire son épée, et après avoir fait la cérémonie, il dit au monarque : « Sire, autant vaille que si c'était Roland, Olivier, Godefroy ou Baudoin. Vous êtes le premier prince que j'aie fait chevalier : Dieu veuille que ne fuyez jamais en guerre ». Baisant ensuite son épée, et la tenant de la main droite, il lui adresse ces paroles qui respirent la franchise chevaleresque : « Glorieuse épée , qui aujourd'hui as eu l'honneur de faire chevalier le plus grand roi du monde, que tu es heureuse ! Certes, ma bonne épée, je ne t'emploîrai plus que contre les infidèles ennemis du nom chrétien. »

François I.er retourne dans ses états, et Bayard le suit. Le duc de Bourbon, connétable de France, qui lui portait une estime particulière, voulut, en passant à Moulins, qu'il donna l'ordre de chevalerie à son fils aîné, encore au berceau, persuadé qu'en recevant cet honneur d'un guerrier si illustre, cet enfant se rendrait digne de le devenir un jour.

Après la mort de Maximilien, Charles V, son successeur, mit deux armées en mouvement. La prise de Mouzon ouvrit la campagne à ses troupes ; elles n'étaient arrêtées que par Mézières. Le mauvais état de cette place, la proximité de l'ennemi, l'impossibilité de rassembler des troupes, le défaut d'artillerie, firent décider qu'il fallait brûler la ville, et dévaster ses environs. Bayard s'opposa à cette résolution barbare et désespérée ; il soutint devant le roi, *qu'il n'y avait point de place faible, là où il y avait des gens de cœur pour la défendre.* Bayard partit donc avec le titre de gouverneur de Mézières ; plusieurs guerriers, attirés par sa réputation, avides de s'instruire sous un si grand maître, s'enfermèrent avec lui dans la place. On distingua Anne de Montmorenci, depuis connétable de France, *qui se faisait un honneur,* disait-il, *de servir sous un si grand capitaine,* et Monteynard, son lieutenant; Clermont, Sassenage, Allemand, Beaumont Guiffrey, de Vaux, ne voulurent point quitter leur vaillant capitaine.

Dès son entrée dans la ville, Bayard emploie une partie de sa propre fortune à la réparer. Il fait sortir les bouches inutiles, rompre le pont, et jurer aux habitans de ne jamais parler de se rendre. La garnison, quoique peu nombreuse, se croyait invincible. « Je voudrais, disait un capitaine de l'empereur, qu'il y eût dans la place 2000 hommes de plus, et que Bayard n'y fût pas. » La joie et la confiance éclataient sur tous les visages ; les plus jeunes officiers disaient en riant : *Si les vivres nous manquent, nous mangerons nos laquais.*

Quatre mille impériaux assiégèrent Mézières. Nassau et Sickengen, qui les commandaient, envoyèrent un hérault pour représenter à Bayard qu'il s'exposait au danger de compromettre sa haute réputation, et que, jaloux eux-mêmes de sa gloire, ils le laissaient maître des conditions auxquelles il voudrait se rendre. « Hérault, mon ami, répond Bayard sans hésiter, vous direz à MM. de Nassau et de Sickengen que je suis d'autant plus reconnaissant de la générosite qu'ils me font, que je n'eus jamais grande connaissance avec eux; que la place qui m'a été confiée est entourée par la Meuse, et que je n'en sortirai qu'après m'être fait un passage sur les corps des ennemis que j'aurai tués. »

Les généraux, instruits de cette ferme résolution, se partagèrent l'attaque. La place fut foudroyée par cent dix pièces de canon ; le feu de cette artillerie devint terrible ; l'usage des bombes fut inventé. « Ce n'était de dehors, dit Mezerai (*abrég. de l'hist. de France, tom.* 5, *pag.* 288 *et suiv.* ), que boulets enflammés ; de dedans, il pleuvait des lances, des fascines goudronnées, et de l'huile bouillante. » Ce qui prouve combien les siéges étaient alors meurtriers, et les avantages de l'art sur un aveugle courage.

Bayard déploie son génie : il se pliait à tout ; on le voyait sans cesse occupé à réparer les brèches, à diriger des sorties, à prévenir les trahisons, à encourager les habitans, à ménager les vivres. Enfin, il s'avisa d'un stratagême : il fit parvenir dans le camp ennemi une lettre qui donnait une fausse alarme, et qui sema la défiance entre les commandans. Sickengen, plus brigand que général, crut que Charles-Quint le trahissait : il quitta son poste ; un convoi entra dans la ville, et après six semaines, les impériaux levèrent le siége. François I.<sup>er</sup>, dans le transport de sa joie, écrivit à sa mère, *que Dieu à ce coup s'était montré bon français.* Bayard sortit de Mézières en triomphe ; les habitans l'accompagnèrent, en le comblant de bénédictions, digne éloge d'un guerrier qui fait consister sa gloire bien plus à conserver qu'à détruire. Sans cette belle résistance, l'armée de l'empereur aurait pénétré jusqu'au cœur du royaume. De combien de maux l'intrépide Bayard sut garantir la France !

La modestie de Bayard ne lui permettait pas de solliciter des récompenses ; il n'était encore que lieutenant de la compagnie d'ordonnance du duc de Lorraine, et il ne se plaignit pas de cet oubli ; le roi le décora du collier de Saint-Michel, qui brillait alors de son premier éclat ; il le fit capitaine en chef de cent hommes d'armes, honneur qui n'était accordé qu'aux princes du sang.

Bayard revint à Paris couvert de lauriers. A son arrivée, le corps municipal délibéra d'aller à sa rencontre, et de le saluer de la part de la ville. En entrant au palais, le parlement lui envoya une députation pour le complimenter. Partout où il paraissait, il était comblé de louanges ; pour les éviter, il abrégea son séjour dans la capitale ; les habitans du Dauphiné l'appellaient à grands cris ; il se rendit à leurs vœux.

La peste ravageait Grenoble. Le bon chevalier fut reçu comme un ange tutélaire ; il visitait les malades, soulageait les pauvres, multipliait les hôpitaux, prodiguait les secours : par ses soins vigilans, il arrêta les progrès d'un fléau destructeur. Ces douces et paisibles vertus prouvent que la bonté, la générosité furent toujours les compagnes de la vraie grandeur et du courage.

( 1522 ). Cependant l'Italie se révoltait de toutes parts. Le maréchal de Lautrec, oublié de la France, abandonné par les Suisses, négligé par les Vénitiens était dans le Milanais, sans argent et sans troupes. Quatre mille Dauphinois, conduits par Saint-Vallier, ne lui donnèrent qu'un faible secours.

François I.er envoya Bayard à Gènes. « Je vous „ prie, lui écrivit ce Prince, autant que je puis „ vous prier, de faire ce voyage pour l'amour de „ moi, ayant grand espoir en votre personne. „ Le chevalier partit avec sa compagnie d'ordon-

nance ;

nance ; il avoit pour lieutenant Boutière, les héros de la victoire remportée dans la suite à Cérisoles. Cette compagnie jouissait de la plus haute réputation ; chacun ambitionnait l'honneur d'y entrer : Allemand, Beaumont, Poisieu, Gumin, y occupaient des places distinguées ; c'était le *bataillon sacré* du Dauphiné.

Pendant son séjour à Gênes, Bayard discipline la milice de cette république, et il joint Lautrec presque aux abois. Mais Lautrec fut battu devant le château de la Bicoque. Milan fut perdu, le sénat dispersé ; les Français se retirèrent, poursuivis par les ennemis qui voulaient pénétrer en Dauphiné : Bayard avec sa cavalerie, de la Tour et d'Herculais avec 2,000 hommes de pied, les repoussèrent.

( 1524 ). François I.<sup>er</sup>, après avoir élevé au faîte des grandeurs le Connétable de Bourbon, cherchait imprudemment à l'abaisser. Bourbon, d'un caractère sombre, modeste dans la prospérité, ardent dans le malheur, généreux, mais sensible, n'aurait pas trahi la France pour vingt empires, et il ne put dévorer un affront. Il se retira à la cour de Charles-Quint. Saint-Vallier, dépositaire des dangereux secrets de son parent, fut enveloppé dans sa ruine.

L'amiral Bonnivet, à qui la faveur tenait lieu de talens, fut nommé pour commander en Italie, où un fol amour l'attirait. Le Roi fut puni de ce choix par des défaites ; triste exemple de l'influence des intrigues de cour dans la nomination des grands emplois militaires !

L'armée royale s'affaiblissait tous les jours ; celle de l'Empereur devenait plus formidable ; Bourbon,

K.

fugitif et proscrit, arriva, le désespoir dans le cœur, cherchant moins les Français que Bonnivet.

Le général Français prit ses quartiers d'hiver à Biagras, et s'obstina à vouloir bloquer Milan. Il détacha Bayard pour aller occuper le village de Rebec. Le Chevalier étoit trop éclairé pour ne pas appercevoir l'inutile danger de cette commission. Vainement il représenta que le poste était ouvert de tous côtés, qu'il courait risque d'être enlevé, que son honneur étoit compromis, le général, assez faible pour être bassement jaloux, lui ordonna de partir. Le devoir de Bayard était d'obéir. En arrivant, il prit toutes les mesures que la prudence pouvait inspirer ; nuit et jour il était sous les armes. Le dégoût s'empara de lui et le jeta dans une profonde tristesse : le chagrin, joint à la fatigue, le fit tomber malade.

Pescaire épiait l'occasion d'attaquer Bayard, et brûlait d'envie de le surprendre ; ce succès valait, à ses yeux, le gain d'une bataille. Il se présente au milieu de la nuit avec toutes ses forces. Bayard est bientôt à cheval ; il court aux barrières, soutient le premier choc et se retire en bon ordre. Il rejoint Bonivet pour lui reprocher vivement son imprudence.

Quelque périlleuse que fût la retraite, il fallut l'entreprendre. Bonnivet abandonne son camp ; les ennemis le suivent. Ce général faisait l'arrière-garde : il eut le bras percé d'une bale ; et redoutant de tomber au pouvoir de Bourbon, il fait appeler Bayard. « Monsieur, lui dit-il, je vous prie et conjure, pour la gloire et l'honneur du nom Français, que vous défendiez aujourd'hui l'artillerie et les enseignes, que je remets entièrement à votre fidélité et sage conduite ; puisqu'il n'y a personne dans l'armée qui en soit plus capable que vous, par la valeur, l'expérience et le conseil. » Bayard n'avait point oublié la téméraire commission de Rebec ; peut-être un jour en aurait-il fait repentir le général ; mais il sut faire taire son ressentiment. « J'aurais souhaité, répondit-il, recevoir cet honneur dans une occasion plus favorable ; quoiqu'il en soit, je vous assure que je les conserverai si bien, que tant que je serai vivant, elles ne viendront jamais au pouvoir de l'ennemi. »

Le Chevalier, d'un air tranquille, repoussait les Espagnols avec son intrépidité ordinaire : déjà l'ordre était rétabli, tout-à-coup, ô malheur ! on entend une décharge d'artillerie, et Bayard reçoit dans les flancs une blessure mortelle. Il chancelle, ses amis accourent, et il ne leur parle que pour les animer au combat. = Bientôt les forces l'abandonnent, il veut qu'on le descende de cheval et qu'on le place au pied d'un arbre, le visage tourné contre l'ennemi. = Des soldats se présentent pour le transporter sur des piques ; mais il refuse leur généreux secours : il prie d'Alègre, son compagnon d'armes, de dire au Roi qu'il meurt content, et qu'il a toujours désiré de terminer ainsi sa carrière. Tel Paul Emile ne voulut point survivre à la défaite de Cannes, et attendit la mort sur le champ de bataille, lorsque Varron fuyait devant Annibal.

Bourbon, qui poursuivait avidement Bonnivet, arrive et reconnait Bayard : il ne peut retenir ses larmes. » Chevalier, lui dit-il, que j'ai de regret de l'état où je vous vois ! je vous ai toujours aimé et honoré ; que j'ai pitié de vous ! » Bayard recueille ses forces pour lui répondre : « Monseigneur, lui dit-il, je vous remercie ; il n'y a point de pitié en moi qui meurs en homme de bien ; il faut avoir pitié de vous qui portez les armes contre votre Prince, votre patrie et votre serment. » Bourbon, accablé par ce reproche, baisse les yeux et se retire. — Bientôt l'ingratitude de l'empereur met le comble aux regrets du Connétable : une mort funeste en abrège le cours ; et la postérité imprime sur sa mémoire une tâche indélébile.

Pescaire s'approche aussi du Chevalier. » Plût-à-Dieu, seigneur Bayard, lui dit-il avec attendrissement, avoir donné de mon sang et que vous fussiez mon prisonnier en bonne santé ! vous reconnaîtriez combien j'ai toujours estimé votre personne, votre bravoure et vos vertus ! depuis que je me mêle des armes, je n'ai jamais connu votre pareil. » Ce général fit apporter son pavillon ; il s'aida lui-même à placer le Chevalier sur un lit, en baisant ses vaillantes mains : ce fut le dernier triomphe du héros mourant. L'armée Espagnole s'empresse de venir l'admirer. Bayard en proie aux plus vives douleurs, sentit approcher sa dernière heure. Après avoir dicté ses volontés, pénétré des grands sentimens de la religion, il demanda humblement pardon à Dieu. Au défaut d'un prêtre, il se confessa à Joffrey de Milieu, son maître d'hôtel. « Mon Dieu ( s'écria-t-il, en élevant la poignée de son épée, qui lui représentait le signe auguste de la rédemption ), ne me jugez point selon mes fautes, mais selon votre miséricorde infinie. » . . . . . . En achevant ces mots, il expira à l'âge de quarante huit ans.

Les ennemis donnèrent à sa mort des larmes sincères. Son corps fut embaumé et remis à Joffrey, pour le transporter à Grenoble. En passant sur les terres de Savoie, le duc lui fit rendre des honneurs égaux à ceux qui sont dus aux Souverains; la noblesse l'accompagna jusqu'à la frontière. Comment exprimer la douleur dont la province de Dauphiné fut pénétrée! Le parlement, la chambre des comptes, la noblesse, tous les officiers, tout le peuple, pauvres et riches, semblaient, chacun en particulier, avoir perdu son père ou son fils unique. Ce ne fut pas pour un jour; il dura long-temps, et jamais les vivans ne virent un deuil si véhément, ni si universel. *Il fut donc assez pleuré; mais il ne saurait ( poursuit Expilly ) jamais être assez loué : aussi le remède du deuil et d'une telle perte, ne pouvait et ne devait être en l'oubli de sa mort, mais en la mémoire de ses mérites et vertus, qui lui ont acquis cet éloge et la glorieuse qualité de Chevalier sans peur et sans reproche.* Le général des Chartreux fonda à perpétuité un obit et anniversaire pour le repos de son ame, qui a lieu tous les ans, au mois de mai, dans toutes les chartreuses du monde. Les obsèques furent magnifiques. On conduisit le convoi à la cathédrale de Notre-Dame avec un morne silence, qui ne fut interrompu que par des sanglots, et le service se fit comme pour un prince. Bayard fut enterré au-devant du grand autel des minimes de la Plaine, à un quart de lieue de Grenoble, dont l'évêque de cette ville, son oncle, était le fondateur. (1)

François I.<sup>er</sup> fut vivement affligé de la mort de ce grand homme ; il lui rendit ce témoignage, « qu'il avait perdu un capitaine dont le nom seul faisait honorer et craindre ses armes, et qui méritait de plus grandes charges que celles qu'il avait occupées. » = Ce prince répétait souvent dans ses malheurs : *ah ! Bayard, que vous me faites faute !* Mais ce fut après la bataille de Pavie, perdue par la fougue imprudente de Bonnivet, et où périrent tant de braves gentils-hommes, que le roi sentit toute la grandeur de la perte qu'il avait faite en la personne de l'illustre Chevalier. Prisonnier en Espagne, il disait à Montchenu : « Si Bayard, qui était vaillant et expérimenté, eût été vivant et près de moi, j'aurais pris et cru son conseil ; sa présence m'aurait valu cent capitaines, et je ne serais point ici. »

Bayard mourut dans une honorable pauvreté : il avait servi l'état trente ans, remporté nombre de victoires, reçu des rançons, commandé une province, et à peine laissa-t-il les 400 livres de rente qu'il tenait de ses pères. = On demandait au bon

---

(1) *Allemand* (Laurent), oncle maternel de Bayard, évêque de Grenoble en 1488, fut recommandable par ses vertus autant que par son savoir. Le manuscrit qu'il avait composé sur la visite du diocèse, et qui se trouve dans les archives du palais épiscopal, était fort estimé de son éminence le cardinal le Camus, aussi évêque de Grenoble. *Allemand*, son neveu, chanoine à la collégiale de la même ville, le seconda, avec beaucoup de zèle, dans ses travaux apostoliques. ( Extr. de la bibl. de Guy-Allard, par Pierre-Vincent Chalvet, professeur d'histoire à l'école centrale du département de l'Isère, pag. 46 et 48, de l'impression de veuve *Giroud* et *fils*, imprimeurs-libraires, place aux Herbes).

chevalier quels biens un gentil homme devait transmettre à ses enfans ? » Ce qui ne craint ni l'intem-
périe des saisons, ni l'injustice des hommes, répondit-il, la sagesse et la vertu. » Paroles mémorables,
qui achèvent de peindre son noble caractère.

Le héros avec lequel Bayard eut le plus de
ressemblance, fut Henri IV. Elevés dans le tumulte
des camps, les jeux de leur enfance furent des
combats ; mais la licence des armes ne corrompit
point en eux la bonté de leur naturel. Doux et
faciles dans la société, ardens et intrépides dans
les batailles, on ne saurait aujourd'hui prononcer
leurs noms, devenus à jamais fameux, sans y attacher l'idée de la candeur, du courage et de la
loyauté : on ne peut se défendre, en les pronon-
çant, de cet attendrissement que les plus sublimes
vertus inspirent. === L'un et l'autre conservèrent,
au sein de l'amour, le caractère qui les distinguait
au milieu des hasards : Bayard montra peut-être plus
de modération, Henri plus de témérité ; l'un eut
toujours la galanterie naïve d'un chevalier, l'autre
ressentit quelquefois l'excusable délire d'un amant.
Tous les deux furent immolés sur l'autel de la
patrie : le monarque, victime d'une odieuse su-
perstition, périt sous le couteau du fanatisme ;
le guerrier, prodigue de sa grande ame, mourut
sous le fer de l'ennemi.

Henri IV avait trop de rapport avec Bayard,
pour ne pas chérir tendrement sa mémoire. Ce
grand Prince étant à Grenoble, résolut de lui éri-
ger un mausolée, digne de sa renommée. La guerre
suspendit ce projet ; les états de Dauphiné le
reprirent ; d'autres événemens le firent perdre de

vue. En 1788, on regardait comme certain que le mausolée de Bayard serait exécuté, et que ce monument serait comparable à celui qui a été élevé à Strasbourg, au maréchal de *Saxe*. Les compatriotes du héros Dauphinois ne purent par eux-mêmes en faire dresser un semblable, parce que leurs facultés ne leur permirent pas d'exécuter le projet qu'ils en avaient conçu. Les sommes recueillies, quoique considérables, n'auraient point produit un chef-d'œuvre digne d'une si haute renommée; c'est pourquoi ils intéressèrent à leur souscription tous les militaires français. Les officiers du régiment de *Royal-la-Marine*, alors en garnison à Grenoble, de Rouerge et Limosin avaient témoigné se joindre à eux pour contribuer à ce monument, lorsqu'ils communiquèrent leur projet à MM. les officiers de tous les régimens. M. le marquis de La-Tour-du-Pin-Montauban, colonel du régiment de Rouergue, et M. le comte de Virieu-Pupetières, colonel de celui de Limosin, écrivirent à quelques officiers, leurs subalternes, que l'on désirait de toutes parts qu'on élevât à Bayard un monument digne de lui ; aussitôt les corps d'officiers proposèrent d'y contribuer, ceux de Rouergue pour 600 liv., ceux de Saintonge et de Royal-la-Marine pour 240 liv., chacun. On regardait, comme une chose sure, que les souscriptions de Grenoble, du Dauphiné, de tous les régimens, et en particulier celle du duc d'Orléans favorable à l'érection du mausolée de Bayard, produiraient une somme de 100,000 liv. au moins. On espérait, avec une pareille somme, égaler en quelque sorte le chef-d'œuvre de Strasbourg, afin

de ne rien offrir à la mémoire du Chevalier sans
peur et sans reproche, qui fût au-dessous du monument offert à celle du maréchal de Saxe. L'exécution n'a pas secondé l'entousiasme général ; mais
il faut espérer que sous le gouvernement pacifique
du premier consul Napoléon Bonaparte, on rendra
enfin aux manes de Bayard, le même hommage
rendu, il y a près de deux ans, à Paris, aux restes
précieux du *grand Turenne*. Nous aimons à nous per-
suader que Bonaparte, qui, comme Bayard, s'est
distingué dans les combats d'Italie, contribuera bientôt à l'érection du mausolée de ce grand homme ;
il semble qu'il soit destiné à remplir les vœux de
Henri IV et de tous les cit. des départemens ; Bonaparte, n'en doutez pas, Français, chérit les héros, il
n'a qu'à parler, et les artistes les plus distingués
s'empresseront de lui indiquer des modèles conformes à la dignité du sujet. Voici les vers qu'Expilli
composa, en l'an 1622, sur la sépulture du chevalier Bayard :

> Au pied de cet autel, la cendre ensevelie
> Du valeureux Bayard, gît sans titre et sans nom :
> Nul marbre relevé, digne de son renom,
> Aux passans curieux ses gestes ne publie.
> O sort ! qui les loyers aux vertus ne mesures,
> Pompée au bord marin sans sépulchre tu vois,
> Et le vieillard Priam, tige de tant de rois,
> Sans tombe et sans honneur gît parmi des masures.
> Bayard qui fit trembler l'Espagne et l'Italie,
> Qui, de son Dauphiné, fut le lustre et l'orgueil,
> N'obtiendra donc jamais l'ornement d'un cercueil ?
> Ha ! non : Bayard, ici tout entier ne s'arrête ;
> Ce lieu seul ne comprend Bayard et ses lauriers,
> Il se trouve par-tout ; car des vaillans guerriers,
> L'univers est la tombe, et le ciel la retraite.

On voit par ce passage que nous venons de

citer ; que nos pères avaient bien senti qu'ils devaient un témoignage à la gloire de Bayard. Il
est heureux pour la génération actuelle, que l'honneur d'élever un monument digne de ce guerrier,
ait été réservé à l'illustre Bonaparte; puissions nous
le voir un jour dans l'enceinte du nouveau et magnifique *muséum* de la commune de Grenoble !

# F I N.

---

EPITAPHE du chevalier Bayard, telle qu'elle était
au Muséum de Grenoble, dans une des salles du
palais épiscopal, sur une table de marbre noir.

*Lapis hic superbit tumulo, non titulo . . . . .*
*Ubi sepultus est heros maximus, suo*
*Ipse met sepulchro monumentum.*

D. O. M.

*Petrus Terrallius, Bayardus, vix puber, addictus*
*castrensibus operis, præclarè factis tempora elusit, vir-*
*tutis miraculo prælusit, primo fermè militiæ tyrocinio*
*magnus, prodigiosæ fortitudinis, quà domi, quà*
*foris, spectacula juvenis dedit; sed illustri præser-*
*tim italiæ theatro lauris adtecta lilia geminum in*
*fronte honorem divisere. Ubi virum animosa matu-*
*ritas et experientia tulerunt, quæ finxit fortia facta*
*vetustas fecit. Bayardum alcidi confudit impavidi et*
*inculpati equitis cognomentum: constantis famæ vul-*
*gatu, virtutis appellationem suo nomine occupavit*
*tres illum reges, lustris ferè septem, gravibus gerendi*
*belli institutis, suæ militiæ præfectum habuerunt.*

*Illi, honorem stipendio potiorem emerito, victori triumphalia decora virtus decreverat, sed honoris currus, tot victoriis onustus, nutavit; virtutis magnitudine laboravit. Regiæ vicis, in Delphninatûs provinciâ præfecto, ingens honor fuit, honore eo non egere; non concessum regni insigne, sed præmium; regem suum, gladii succinctu, militiæ inauguravit. Illud tandem duci semper victori deerat, ut lethum vinceret: vicit. Attonitæ mortis, nec ausæ luctari, feriendum se fulmineo telo objecit. Erubuit hæc, et quòd victa et quòd immatura. Ille equo desiliens, victoriis fessus, sub arbore resedit, et vultu in hostem converso, placidè oculos et diem clausit 1524, æ t s 48.*

*Moriturum monumentum non morituris cineribus, N. Scipio de Polloud, D. de Saint-Agnin, suis sumptibus accuravit.*

### Traduction de l'épitaphe.

Pierre Terrail, seigneur de Bayard, à peine hors de l'enfance, porta les armes. Ses beaux faits dévancèrent ses années. Ses coups d'essai furent les chefs-d'œuvre d'un guerrier consommé. Il se signala dans sa patrie et dans les pays étrangers. Mais l'Italie fut le théâtre où il parut avec plus de gloire, et où les lis et les lauriers partagèrent l'honneur de le couronner. Devenu homme par la vigueur de l'âge et par l'expérience, il égala tout ce que l'antiquité fabuleuse a raconté de ses héros. Le surnom de chevalier sans peur et sans reproche lui fut commun avec Hercule. Sa réputation, répandue généralement, avait attaché à son nom seul l'idée de toutes les vertus réunies. Il

servit et commanda sous trois rois, pendant près
de trente cinq ans. La vertu lui avait décerné
l'honneur du triomphe, qu'il estimait plus que les
richesses ; mais le char plia sous le poids des lauriers
et des victoires dont il était surchargé. Nommé
lieutenant-général pour le roi en Dauphiné, ce
qu'il eut de plus glorieux pour lui, fut d'être su-
périeur à sa dignité. Chevalier de l'ordre du roi,
il reçut moins une grace que le prix de ses exploits, et il eut l'honneur de donner à son tour
l'ordre de chevalerie à son souverain. Enfin, il ne
manquait aux victoires d'un si grand capitaine,
que de triompher de la mort ; il en triompha : elle
fut étonnée elle-même du courage avec lequel il
s'offrit au coup mortel ; elle rougit de sa défaite
et d'un trait si précipité. Si-tôt qu'il l'eut reçu,
il se fit descendre de son cheval au pied d'un arbre :
là succombant sous ses trophées, et le regard encore tourné vers l'ennemi, il ferma les yeux à la
lumière, en l'année 1524, âgé de quarante huit
ans.

Le tems pourra détruire ce monument ; mais
les dépouilles qu'il renferme, seront immortelles.
Il fut érigé aux dépens de Scipion Polloud, seigneur
de Saint-Agnin.

## VAUCANSON. ( *Condorcet.* )

*Jacques* DE VAUCANSON, pensionnaire mécanicien, de l'académie des sciences, naquit à Grenoble, le 24 février 1709. Son goût pour la mé-

canique se déclara dès sa plus tendre enfance; et ce qui est peut-être sans exemple, son talent fut aussi précoce que son goût. Il faisait ses études au collège des Jésuites, et sa mère, femme d'une piété sévère, ne lui permettait d'autre dissipation que de l'accompagner le dimanche dans un couvent, chez deux dames qu'un zèle égal au sien pour les exercices de dévotion, liait avec elle. Pendant ces pieuses conversations, le jeune Vaucanson s'amusait à examiner, à travers les fentes d'une cloison, une horloge placée dans la chambre voisine. Il en étudiait le mouvement, il s'occupait à en deviner la structure et à découvrir le jeu des pièces dont il ne voyait qu'une partie. Cette idée le poursuivait par-tout; enfin, un jour il saisit tout d'un coup le mécanisme de l'échappement, qu'il cherchait depuis plusieurs mois, et il éprouva, pour la première fois, ce plaisir si vif et si pur qui serait le premier de tous, si la nature n'avait attaché aux bonnes actions des charmes encore plus touchans. Dès ce moment, toutes les idées du jeune Vaucanson se tournèrent vers la mécanique.

Il fit en bois et avec des instrumens grossiers, une horloge qui marquait les heures assez exactement. Le plaisir d'arranger une petite chapelle était au nombre de ceux que sa mère lui permettait. Bientôt il l'orna de petits anges qui agitaient leurs aîles, de prêtres automates qui imitaient quelques fonctions ecclésiastiques. Le hasard fixa son séjour à Lyon : on y parlait alors d'une machine hydraulique pour donner de l'eau à la ville; M.' de Vaucanson en imagina une; mais il se garda bien de la proposer. Arrivé à Paris, il vit avec une joie qu'il est difficile de se peindre, que la machine de la Samaritaine était précisément celle qu'il avait imaginée à Lyon.

Quelques jours après, la statue d'un flûteur qui orne le jardin des Thuileries, plut à son imagination, et il se sentit frappé de l'idée de faire exécuter des airs par une semblable, qui imiterait toutes les opérations d'un joueur de flûte. Un de ses oncles fut instruit de ce projet, et le prit si sérieusement pour une extravagance, qu'après avoir fait à son neveu les reproches les plus vifs, mais les plus inutiles, il le menaça de le faire enfermer. En effet, tout ce qui s'écarte des idées communes doit paraître folie à un esprit vulgaire ; et quand l'opinion ne dirige pas ses jugemens, il lui est impossible de distinguer un fou d'un homme de génie, puisqu'il est également dans l'impuissance de saisir la chaîne qui lie leurs idées. M. de Vaucanson eut la prudence d'épargner cette démarche ridicule à son oncle, et peut-être une injustice au gouvernement. Le jeune mécanicien se résolut, par complaisance, à voyager.

Au bout de trois ans passés dans cet espèce d'exil, il revint à Paris, refusant les places qu'on lui offrit, et dont il sentait ne pouvoir pas remplir les devoirs, entraîné comme il l'était par son goût pour la mécanique. Il profita d'une maladie cruelle et longue pour s'occuper de son flûteur. Sans aucune correction, sans aucun tatonnement, la machine toute entière résulta de la combinaison des pièces qu'il avait fait exécuter en sortant de son lit. N'osant avoir des témoins de son premier essai, il écarta même un domestique qui lui était attaché depuis long-tems. Mais ce domestique avait vu des préparatifs, il avait pénétré une partie du secret de son maître. Il ne put se résoudre à obéir. Caché auprès de la porte, il écoute avec attention ; bientôt il entend les premiers sons de la flûte ; à l'instant il s'élance dans la chambre, tombe aux genoux de son maître qui lui paraît alors plus qu'un homme, et tous deux s'embrassent en pleurant de joie.

Quelques-uns de ces hommes qui se croient fins, parce qu'ils sont soupçonneux et crédules, ne voyaient dans le flûteur qu'une sérinette ; l'académie des sciences en jugea autrement, elle vit que le mécanicien avait imité à la fois les effets et les moyens de la nature avec une exactitude et une perfection à laquelle les hommes les plus accoutumés aux prodiges de l'art, n'eussent pas imaginé qu'il pût atteindre. A cette machine succéda bientôt un automate qui jouait à la fois du tambourin et du galoubet, comme les successeurs de nos anciens troubadours.

Enfin, on vit deux canards qui barbotaient, mangeaient, allaient chercher le grain, le saisissaient dans l'auge. Ce grain éprouvait dans leur estomac une sorte de trituration ; il passait ensuite dans les intestins, et ce n'était pas la faute de M. de Vaucanson si les médecins avaient mal deviné le mécanisme de la digestion, ou si la nature opérait ces fonctions par des moyens d'un autre genre que ceux qu'il pouvait imiter. Ces machines étaient des preuves suffisantes de son génie, il ne restait plus qu'à desirer aux hommes éclairés que de le voir en faire un usage utile.

En 1740, M. de Vaucanson fut appelé par un jeune roi, qui eût voulu rassembler dans ses états tous les hommes illustres dispersés alors en Europe ; mais M. de Vaucanson crut se devoir à sa patrie ; il résista à des offres avantageuses et au desir si naturel d'être auprès d'un prince juge éclairé du mérite réel. Peu de temps après, le cardinal de Fleuri attacha M. de Vaucanson à l'administration, et lui confia l'inspection des manufactures de soie, qui forment une des branches les plus importantes de notre commerce ; il ne tarda pas à perfectionner le moulin à dégaminer.

M. de Vaucanson fut consulté par le gouvernement, dans une discussion où l'on faisait valoir l'intelligence peu commune que devait avoir un ouvrier en soie, dans la vue d'obtenir en faveur de ces fabriques, quelques-uns de ces privilèges que l'ignorance accorde souvent à l'intrigue, sous le prétexte si commun et souvent si trompeur du bien public. Il répondit par une machine avec laquelle un âne exécutait une étoffe à fleur. Il avait quelques droits de tirer cette petite vengeance de ces mêmes ouvriers, qui, dans un voyage qu'il avait fait à Lyon, le poursuivirent à coups de pierre, parce qu'ils avaient ouï dire qu'il cherchait à simplifier les métiers ; car depuis la fabrique d'une étoffe jusqu'aux objets les plus élevés, quiconque veut apporter aux hommes des lumières nouvelles, doit s'attendre à être persécuté, et les obstacles de toute espèce, qui s'opposent à toute innovation utile, tirent leur principale force des préjugés de ceux mêmes à qui l'on veut faire du bien. M. de Vaucanson ne regarda cette machine que

que comme une plaisanterie, et en cela il était peut-être trop modeste : tout moyen d'où l'économie des forces et de l'industrie des hommes résulte, est à la fois et un excellent principe dans tous les arts, et une des maximes les plus certaines d'une politique éclairée.

Au milieu de tous ses travaux, M. de Vaucanson suivait en secret une idée, à l'exécution de laquelle Louis XV s'intéressait ; c'était la construction d'un automate dans l'intérieur duquel devait s'opérer tout le mécanisme de la circulation du sang ; mais les lenteurs qu'éprouva l'exécution des ordres de sa majesté, dégoûtèrent M. de Vaucanson. Un homme qui a le sentiment de son génie, s'indigne d'être réduit à solliciter comme une grace le dessein de l'employer.

M. de Vaucanson posséda les vertus domestiques auxquelles tous les hommes peuvent prétendre. Elles deviennent bien plus touchantes dans ceux qui, livrés à des travaux d'une utilité plus générale, semblent pouvoir acquitter sans elle la dette que tout homme est obligé de payer à la société, et qui, nés avec des grands talens ou placés dans des postes importans, peuvent prétendre à des vertus plus éclatantes. Il fut bon ami, bon maître et sur-tout bon père. Attaqué depuis plusieurs années d'une longue et cruelle maladie, M. de Vaucanson conserva toute son activité jusqu'au dernier moment ; il s'occupait encore dans les derniers jours de sa vie à faire exécuter la machine qu'il avait inventée pour composer sa chaîne sans fin. « Ne perdez point de tems, disait-il aux ouvriers, je ne vivrai peut-être pas assez long-tems

L

pour expliquer mon idée en entier. » Enfin, il termina sa vie et ses souffrances le 21 novembre 1782, laissant un nom qui sera long-tems célèbre chez le vulgaire, par les productions ingénieuses qui furent l'amusement de sa jeunesse, et chez les hommes éclairés, par les travaux utiles qui ont été l'occupation de sa vie.

## MABLY.

*Gabriel* Bonnot de Mably, ancien chanoine de l'église abbatiale de l'île-Barbe, naquit à Grenoble le 14 mars 1709, d'une famille honorable. Il avait pour frère l'abbé de Condillac. Ses neveux, fils de M. de Mably, grand prévôt de Lyon, ont eu l'honneur d'avoir quelque-tems Jean-Jacques Rousseau pour instituteur ; et c'est pour l'un d'eux que le philosophe de Genève composa le petit écrit qui a pour titre : *Projet pour l'éducation d'une jeune dame de Sainte-Marie.* C'est peut-être à ce premier essais que nous avons dû l'Emile.

Le jeune Mably fit ses humanités à Lyon chez les Jésuites, école célèbre d'où sont sortis tant d'illustres disciples, et dont peut-être on sent trop aujourd'hui le vide.

Sa famille était alliée des Tencin. Une dame célèbre, connue sous le nom d'Alexandrine, sœur du cardinal et la Ninon de son siècle, malgré le voile sacré de vestale dont elle s'honora long-tems, réunissait alors chez elle l'élite des gens de lettres. Outre ses diners des beaux esprits, elle avait des diners politiques; elle présenta le jeune philosophe aux Fontenelle, aux Mairan, et à toute cette société d'adulateurs qu'elle appelait *ses bêtes*, et qui l'étaient sans doute, quand, sans espoir de séduire, ils se laissaient mener par la beauté. Mably venait de donner *le parallèle des Romains et des Français*, ouvrage écrit de bonne foi, et qui ne devait être qu'une ironie continue sous la plume délicate d'un Lucien. L'ouvrage prôné par les *bêtes* ingénieuses qu'Alexandrine menait en lesse, fut porté aux nues ; mais Mably dont le commerce avec les beaux génies de la Grèce et de Rome, avait, dans l'intervalle, mûri les idées, rougissant du succès de son livre, et convaincu du néant d'une renommée contemporaine, eut dans la suite le courage d'adopter une solitude absolue, et d'expier, en travaillant pour la postérité, la honte d'avoir été loué de son vivant pour un ouvrage mal-fait, que son titre seul condamnait à l'oubli. Mais revenons à la sœur du Cardinal.

Madame de Tencin entendant le jeune abbé parler des affaires publiques, et raisonner avec beaucoup de sagacité sur les événemens politiques, jugea que c'était l'homme qu'il fallait à son frère, qui commençait à entrer en faveur. Ce Tencin qui devait la pourpre romaine à son or et à sa bassesse, qui, adroit à voiler la route tortueuse qu'il prenait pour ne paraître rencontrer personne dans la route de l'ambition, parvint, en rampant, au premier ministère. Le Cardinal sentait sa faiblesse dans le conseil : pour le tirer d'embarras, l'abbé de Mably lui persuada de demander au roi la permission de donner ses avis par écrits : c'était Mably qui préparait ses rapports et faisaient ses mémoires.

Il avait souvent communication des instructions et des dépêches des ambassadeurs. Ce fut lui qui, en 1743, négocia secrétement à Paris avec le ministre du roi de Prusse, et dressa le traité que Voltaire alla porter à ce prince. Frédéric qui ne l'ignorait pas, conçut dès-lors une grande estime pour Mably : c'est une singularité bien digne de remarque, que deux hommes de lettres, sans caractère public, fussent chargés de cette négociation importante qui allait changer la face de l'Europe.

On détermina Louis XV à se mettre à la tête de ses troupes. Le conseil voulait établir les armées sur le Rhin, c'était le sentiment de Noailles et de Tencin ; Mably soutint qu'il fallait faire la campagne dans les Pays-bas ; il se trouva que le roi de Prusse demanda la même chose. Mably eut la gloire de s'être rencontré avec le monarque : il avait jugé juste.

Ce fut encore lui qui dressa les mémoires qui devaient servir de base aux négociations du congrès ouvert à Breda au mois d'avril 1746 : ces divers travaux décidèrent sa vocation pour la politique. Le jeune sage faisait toutes les dépêches du premier ministre : caché derrière la toile, et mobile invisible de toutes les grandes opérations de la diplomatie, il était l'ame des cabinets de l'Europe : la France étonnée de la sagesse de l'administration, en faisait honneur à un génie que Tencin n'avait pas reçu, et à une raison philosophique qu'il dédaignait. Un jour Mably consulté par le ministre automate sur une question qui intéressait l'ordre social ( c'était le mariage d'un protestant que le cardinal voulait casser ), répondit qu'il fallait agir en homme d'état, et non pas en prince de l'église. Le prélat qui ne voyait que sa pourpre romaine, désobéit ; alors Mably quitta la cour , et abandonna Tencin à sa nullité.

Mably , en quittant les rênes du gouvernement, se serait contredit, s'il avait aspiré à tenir celles de l'académie d'Alexandrine : il se dégagea peu à peu des liens qui l'enchaînaient à la société de la secon-Aspasie ; et s'enfermant dans la tombe des sages de l'antiquité , il ne voulut plus tenir aux gens de lettres de son siècle, que par l'intermède de Platon , de Plutarque et de Tite-Live. Depuis ce moment, l'ame et la plume de Mably prirent toute leur énergie : il ne fit plus paraître après son *parallèle des Français et des Romains*, que des écrits marqués au sceau de la vérité et de l'indépendance ; des écrits faits pour laisser une trace profonde dans l'histoire philosophique du siècle , mais qui ne devaient être accueillis par aucun despote , ni par aucune académie.

Pour complaire à sa famille , l'abbé Mably était entré de bonne heure dans les ordres; mais il s'en tint au sous-diaconat, et on ne put jamais l'engager plus avant. Il ne voulait point se mettre par son état en contradiction avec ses principes.

Mably s'est nourri dans tous les tems de la lecture des anciens : il savait presque par cœur Platon , Thucydide, Xénophon , Plutarque et les ouvrages philosophiques de Ciceron.

Il fut toujours leur admirateur passionné ; et véritablement les anciens sont encore et seront nos maîtres : ils sont et seront les législateurs du goût , de la morale et de la vertu , tant qu'il y aura des hommes éclairés et sensibles sur la terre. L'étude de l'antiquité n'est pas moins indispensable pour les littérateurs que pour les artistes. Ils nous ont donné des modèles que nous n'avons pas encore surpassés : ils étaient plus près de la nature ; et c'est sans contredit une des plus belles et des plus utiles instructions des peuples modernes, que d'avoir établi dans leur sein une société d'hommes choisis qui fussent, en quelque sorte, les dépositaires des beautés et des trésors des anciens, dont la principale occupation fut de nous conserver et de nous transmettre les lumières qui brillent dans leurs écrits, comme le feu sacré de Vesta : ce sont les prêtre du temple ; ils veillent sans cesse à ce que ce foyer sacré ne s'éteigne ou ne s'évapore dans un siècle futile ou chez un peuple frivole. C'est à cette école des anciens, sur-tout dans l'histoire, et les écrits des peuples libres, que l'on puise, avec leur génie, des leçons de morale, de grandeur d'ame, d'amour de la patrie, des loix et de la liberté : ceux qui ne voient que du grec et du latin dans cette étude, s'abusent étrangement. Tant qu'on pourra puiser à cette source pure, l'ignorance et la servitude ne s'empareront pas tout-à-fait de l'univers ; il y aura toujours de l'espoir. C'est là que s'est formé Mably ; et il a peut-être encore plus cherché dans ces saintes émanations les traces de leurs vertus, que le feu de leur génie.

Le caractère romain que l'abbé de Mably avait reçu de la nature, et auquel le commerce des hommes futiles avec qui il était condamné à vivre, ne faisait que donner plus de ressort, l'avait rendu sur la fin de sa vie un républicain si prononcé, que les sociétés littéraires les plus affranchies de toute espèce de joug, lui repugnaient, quand il fallait voiler ses opinions pour s'en faire admettre. Des sages qui croyaient que l'académie française avait besoin de ses lumières, ayant proposé de l'y introduire : « non, répondit-il, le grand visir qui l'a fondée me déplait : il faudrait le louer dans mon discours de réception, et jamais je ne prostituerai une plume libre à faire l'éloge d'un Richelieu. »

Un compatriote de Caton et de Fabricius, au milieu des sybarites d'une vieille monarchie, semble un conjuré qui lutte contre son siècle ; il contracte quelque chose d'âpre et de sauvage, soit dans sa personne, soit dans ses écrits, qui repousse jusqu'à ses admirateurs : on est tenté, pour être tout-à-fait juste envers lui, d'attendre qu'il n'existe plus que par sa mémoire.

Tel fut Mably, même dans la société circonscrite qu'il s'était choisie : ses amis, tout en rendant justice à l'excellence de son cœur, redoutaient son despotisme d'opinion. Quand il ne s'agissait que d'obliger en silence, c'était Phocion ou Catinat ; quand il discutait quelque problême de politique, il semblait Séjan ou Richelieu.

Ce vernis d'âpreté républicaine se répandait dans les ouvrages de Mably ; jamais sa raison austère ne descendit jusqu'à parler à l'imagination des hommes qu'il voulait régénérer : il était enthousiaste de Platon, et, malgré l'exemple de ce disciple de socrate, il dédaigna de sacrifier aux graces : il regardait Tite-Live comme le plus parfait des historiens, et il ne l'imita que dans la longueur de ses périodes. Au reste, les penseurs, qui à la longue mènent leur siècle, lui ont pardonné cette sévérité de style en faveur des vérités grandes et neuves qui étincellent dans ses chefs-d'œuvre.

Sous quelque point de vue qu'on envisage Mably, on reconnaît qu'il n'avoit rien des vices brillans, ni des vertus efféminées de la vieille monarchie où il vivait ; c'était un de ces héros antiques que la nature avait oublié de faire naître dans la Rome de Camille ou dans la Sparte de Lycurgue ; qui était plus fait pour écrire l'histoire avec Polybe qu'après Voltaire, et dont la place, comme homme d'état, était moins dans un conseil présidé par Tencin, qu'auprès des Ephores, qui envoyèrent Léonidas aux Thermopyles.

Les chefs-d'œuvre de Mably sont : *le droit public de l'Europe, fondé sur les traités*, que des hommes d'état ont appelé le manuel des ministres ; le *Phocion*, qui couronné, sans avoir concouru, par une société républicaine, a un peu reconcilié la raison avec le prix des académies ; *la législation ou principes des lois*. Il n'est point de sujet plus important, puisque les principes qui doivent servir de base à la législation, embrassent le bonheur possible de tous les hommes, de tous les lieux et de tous les tems. Maintenant faisons connaître aux lecteurs la personne et le caractère de Mably. En faisant dans plusieurs de ses ouvrages l'éloge d'un philosophe pratique, sans faste et qui fuit toute espèce d'ostentation, même celle de la vertu, Mably semble avoir tracé son portrait : voilà pourquoi l'on a peu d'anecdotes sur sa personne. Sa vie est toute entière dans ses écrits, comme l'éloge d'un législateur est tout entier dans ses loix.

L'abbé de Mably avait un tempéramment irascible ; il ne pouvait supporter la moindre contradiction, même de la part de ses plus intimes amis ; mais un regard, un mot suffisait pour l'appaiser. Quelques années avant sa mort, on racontait chez une dame célèbre par ses talens, une anecdote touchante. Tout le monde était ému, Mably seul gardait son sang froid. Un de ses amis lui en fit reproche. « Cela n'est pas dans la nature, répondit l'abbé. » —Eh ! qui vous l'a dit ? — « Cinquante ans d'expérience et de méditation. » — Mettez en une fois autant, mon cher abbé, et vous n'aurez pas encore sondé toutes les profondeurs du cœur humain. A ces mots l'abbé se lève, frappe de sa canne le parquet ; on s'attendait à une explosion de colère, il prend la main de son ami. « Vous avez raison, lui dit-il, et je ne suis qu'un sot. » M.** ayant dit que Platon l'ennuyait parce que les traductions en était trop défectueuses, Mably s'emporta lorsque M.** crut l'adoucir en faisant cet aveu : « si Platon vous eut ressemblé, je parlerais autrement. » Mably trépigne à ces mots, s'écrie en le fixant : « il convient bien à un petit gredin comme. . . . . . moi, d'être comparé à Platon. » Une dame applaudissait un jour sur ce qu'il montrait de caractère : « du caractère, madame, reprit-il, il est certain pays où l'on peut en avoir ; et je sens que si j'étais né à Sparte, j'eûs été quelque chose. » Un ministre juste, appréciateur du mérite et des talens, le recherchait ; il se refusa à son invitation, se contenta de dire à celui qui lui en parlait : « Je le verrai lorsqu'il ne sera plus en place. » Un grand parlait un jour devant un homme de mérite qu'il avait obligé ; il rappelait, avec une certaine complaisance, qu'il l'avait tiré de son grenier. « Monsieur le comte, lui dit Mably indigné, ce sont les hommes de mérite qui logent dans les greniers , dans les palais habitent les sots. »

Son désintéressement était tel qu'il n'exigea jamais rien de ses ouvrages ; à peine se réservait-il quelques exemplaires pour les présens d'usage ; bien différent de ces littérateurs qui n'estiment, dans le commerce des muses, que le profit qu'ils en retirent. En retranchant ses besoins factices, Mably pouvait s'écrier comme Socrate lorsqu'il se promenait dans les rues d'Athènes : *que de choses dont je n'ai que faire !*

Le bruit avait couru qu'on lui proposerait l'éducation de l'héritier d'un grand empire ; il dit hautement, que la base de son éducation serait : *que les rois sont faits pour les peuples, et non les peuples pour les rois*, et que ce serait la chose sur laquelle il reviendrait sans cesse : il ne fut point nommé.

Il aimait à répéter cet adage de Leibnitz, « *Le tems présent est gros de l'avenir* ; » et son propre exemple en prouve la justesse et la profondeur. Il s'était tellement exercé à étudier le jeu et la marche des passions, à rechercher dans les révolutions des empires les causes et la chaîne des événemens ; il avait acquis une telle expérience des hommes et des choses, que cette connaissance du passé avait, pour ainsi dire, déchiré pour lui de voile de l'avenir : il a en quelque sorte tiré l'horoscope des états. Cette expériences lui donnait quelquefois de l'humeur : ses amis lui en faisaient le reproche, et l'appelaient, en plaisantant, *le prophète du malheur.* «Il est bien vrai, répondait-il, que je connais assez les hommes pour ne pas espérer facilement le bien. »

Il n'eut jamais qu'un seul domestique; et sur la fin de ses jours, quoiqu'on lui eût accordé, sans qu'il le demanda, une pension sur l'évêché de Cahors, il se priva de ces commodités de la vie que son âge et ses infirmités lui rendaient cependant plus nécessaires, afin d'accroître la petite fortune de ce serviteur fidèle. Il pratiquait, à la lettre, cette maxime si douce et si humaine, « de regarder ses domestiques comme des amis malheureux ». Son domestique qui, pendant sa maladie, l'avait toujours soigné seul, avait besoin de repos; Mably s'en apperçut et lui ordonna d'en prendre. Il dit au valet étranger qui le veilla la dernière nuit : «Mon ami, vous aurez peu de peine avec moi; la première fois, j'appelerai et vous me donnerez à boire; la seconde fois, je n'aurai pas la force d'appeler, mais j'aurai celle de frapper, et vous me rendrez le même service; ce sera le dernier ». Mably s'appercevant du danger où il était, demanda les sacremens, et les reçut avec autant de tranquillité que de présence d'esprit. La philosophie peut apprendre à braver la mort; la religion seule donne le courage de la voir arriver sans frayeur et sans crainte. Telle fut sa conduite dans ses derniers momens. Il mourut comme il l'avait dit; son domestique, qu'un simple mur à cloison séparait, ne l'entendant plus, crut qu'il avait expiré : il se leva saisi d'effroi, courut à son lit; le trouvant sans mouvement, il le retourna, et ouvrant avec effort sa paupière mourante, Mably lui témoigna sa reconaissance par un sourire, et mourut dans ses bras.

Ses amis, la France et l'Europe le perdirent le 23 avril 1785, à l'âge de 76 ans; il mourut à Paris d'une espèce de fluxion de poitrine. Son épitaphe, ouvrage de l'amitié éclairée, qui mériterait d'être gravée sur une table d'airain et en même tems, d'être placée au nouveau muséum de Grenoble, sa patrie, contient tout son éloge; la voici :

*D. O. M.*

*Hic jacet*

*Gabriel* BONNOT DE MABLY,

*Gratianopolitanus,,*

*Juris naturæ et gentium*

*Indicator indefessus, audax, Felix*

*Dignitatis humanœ vindex,*

*Orbis utriusque suffragiis ornatus,*

*Politicis scriptis, nulli secundus ;*

*Eventuum præteritorum causas*

*Detexit,*

*Futuros prœnuntiavit,*

*Quœ ad prœparandos, quœ ad advertendos*

*Docuit ;*

*Recti pervicax,*

*Quid pulchrum, quid turpe,*

*Quid utile, quid non,*

*Dixit :*

*Vir paucorum hominum,*

*Censu brevi nil rerum indigus,*
*Honores, divitias,*
*Omni moda servitii vincula*
*Constanter aspernatus ;*
*Vitâ innocuus, religionis cultor,*
*Æquissimo animo*
*Obiit 23, â. D. april. 1785.*
*Nat. 14. â. D. Martis*
*1709.*

## H. M.

*Modicum et mansurum,*
*Amico œternùm flebili,*
*Testamenti curarores posuere.*

### Traduction Française.

A la gloire de Dieu tout bon, tout-puissant, et à la mémoire éternelle de Gabriel-Bonnot de Mably, né à Grenoble.

Infatigable, courageux, heureux dans ses recherches sur le droit de la nature et des gens, il a vengé la dignité de l'homme.

Egal aux plus célèbres écrivains politiques, les deux mondes l'ont honoré de leurs suffrages.

Il a découvert aux peuples les causes des révolutions, annoncé celles dont ils sont menacés, indiqué les moyens de les prévenir.

Invariablement attaché au vrai, il a démasqué le vice, fait briller la vertu, éclairé les hommes sur leurs plus grands intérêts.

Il ne prodigua ni son estime ni son amitié. Dans la médiocrité de sa fortune, il a constamment dédaigné les honneurs, les richesses, toutes les places, comme des entraves à la liberté.

Sa vie fut sans tache ; fidèle aux droits de la religion, il mourut avec tranquillité, le 23 avril 1785 ; il était né le 24 mars 1709.

Ses amis lui ont érigé ce monument.

*Nota.* — Les personnes qui desireront avoir une notice étendue sur les œuvres de l'abbé Mably, pourront consulter la bibliothèque de Guy Allard, rédigée et mise dans un meilleur ordre, par P. V. Chalvet. Le morceau sur Mably est curieux et intéressant, comme une infinité d'autres qui ornent cet ouvrage, qui nous donne une idée assez complète de la littérature et de l'histoire des illustres dauphinois qui se sont distingués par leur génie, leurs talens et leurs connaissances.

# CONDILLAC. (*Etienne Bonnot*).

*Etienne BONNOT DE CONDILLAC* naquit à Grenoble, l'an 1715, d'une famille noble de la province de Dauphiné. On lui fit embrasser, ainsi qu'à son frère, l'abbé de Mably, le seul état qui, en France, pouvait conduire à la fortune la noblesse peu riche ; mais la nature leur avait refusé à tous deux les qualités par lesquelles on fait fortune, et ne leur avait accordé que des vertus, l'amour de l'étude, des talens et le desir d'en faire un usage utile.

Le premier ouvrage de M. de Condillac fut son *introduction* à la connaissance de l'esprit humain. C'est une exposition des idées de Loke, et surtout de sa méthode, avec de nouveaux développemens et quelques idées nouvelles. Cet ouvrage fut suivi du *traité des systémes*, où l'auteur prouva, par des exemples, que l'édifice des systèmes les plus célèbres n'était fondé que sur une suppo-

sition qu'on ne se donnait point la peine d'examiner, ou, plus souvent encore, sur quelques équi-
voques de mots. Il publia ensuite le *traité des
sensations*, où il examinait les idées que l'esprit
peut devoir à chaque sens en particulier, et la
manière dont nos idées naissent de nos sensations,
enfin le *traité des animaux*, le premier ouvrage
raisonnable qu'on ait imprimé sur l'ame des bêtes
On y trouve une critique sévère du systême de
Buffon sur la nature des animaux et de quelques
morceaux de son histoire de l'homme.

On remarque sur-tout dans ses ouvrages le dé-
veloppement de la manière dont notre entendement
se forme par la succession de nos sensations, l'analyse des langues, l'observation de leur influence
sur les progrès de l'esprit, enfin le principe de la
liaison des idées, par lequel l'abbé de Condillac
explique une partie des phénomènes que l'esprit
humain offre au petit nombre des hommes qui
réfléchissent sur eux-mêmes.

Il est vrai que Bacon avait recommandé, il y
a long-tems, l'analyse de toutes nos idées, comme
le seul moyen de parvenir à la connaissance de
la vérité; que Loke avait exécuté ce que Bacon
avait prescrit pour un grand nombre d'idées abs-
traites; que l'absolue nécessité de l'invention des
signes pour que l'esprit humain puisse faire quelques progrès, avait été observée par tous les
philosophes; que Loke avait très-bien développé
les rapport des idées avec les mots, des langues
avec les opérations de l'esprit; qu'enfin ce que
l'abbé de Condillac explique par la liaison des idées,
l'avait été par des traces dans le cerveau, par des

tableaux qu'on y supposait gravés, hypothèse très-gratuite que l'abbé de Condillac eut la sagesse de proscrire. Il se contenta du seul fait de la liaison des idées que les métaphisiciens du siècle dernier avaient très-bien saisi, et dont ils avaient développé les conséquences avec beaucoup de sagacité. Nous ne faisons pas ces observations pour diminuer la gloire de Condillac, il savait mieux que personne. qu'aucun homme ne se trouve une science toute entière. La devise *prolem sinè matre creatam*, ne sera jamais adoptée par un philosophe qui aura fait des véritables découvertes.

L'abbé de Condillac fut nommé précepteur de l'Infant, duc de Parme, dont M. de Kéralio fut en même tems gouverneur. Cet usage de partager l'éducation entre deux instituteurs indépendans, paraît un moyen sûr de rendre l'éducation pour le moins inutile; mais les inconvéniens de cet usage n'existèrent pas dans l'éducation de l'Infant: une amitié inaltérable régnait entre les deux instituteurs; ils avaient tous deux les mêmes principes de probité, la même justesse d'esprit, la même fermeté de caractère; tous deux étaient guidés par une philosophie saine, courageuse et sans faste; il semblait que l'Infant n'avait qu'un instituteur, à cela près qu'il pouvait profiter des lumières de deux hommes très-éclairés.

L'abbé de Condillac a publié le recueil des ouvrages qu'il avait faits pour l'éducation du prince, une grammaire philosophique, l'analyse des principes de l'art d'écrire; des élémens de mécanique, d'astronomie et de physique, où l'auteur insiste particulièrement sur les opérations par le moyen

desquelles

desquelles l'esprit découvre la vérité et en saisit les preuves ; enfin, une histoire ancienne et moderne : tels sont les ouvrages qui forment le cours d'étude. L'histoire est écrite avec sagesse, elle respire l'amour des hommes et le respect pour la justice : l'auteur se plait à montrer que les ruses de la politique sont aussi inutiles que méprisables ; que les conquêtes augmentent la puissance des nations sans augmenter leur bonheur ; que le bonheur des peuples est dans la paix ; et la sureté des princes, dans leur modération et dans leur justice.

A son retour en France, Condillac fut reçu à l'académie française. Son discours de réception eut peu de succès ; il n'y avait mis que de la raison, de la philosophie, point des phrases, et malheureusement c'était dans le tems où le goût des phrases que la Motte, Fontenelle et Voltaire paraissaient avoir banni pour toujours, reparaissait avec de nouvelles forces. En effet, les faiseurs de phrase du siècle dernier se contentaient de prétendre à l'éloquence ; les nôtres unissent la prétention de la philosophie et celle de l'éloquence : par là ils ont trouvé le secret d'être doublement applaudis, et doublement ridicules.

Condillac publia, en 1776, un ouvrage sur le commerce ; c'est une application de sa méthode analytique à quelques principes d'administration. Son dernier ouvrage a été une logique destinée aux écoles nationales de Pologne, qui, au milieu de ses dissentions et de ses malheurs, a donné un grand exemple que les nations puissantes de l'Europe, n'ont pas songé à imiter encore. Fidèle

M

à sa méthode, l'analyse des idées est ce qu'il recommande le plus ; c'est selon lui, le seul moyen de reconnaître et de découvrir la vérité. Les ouvrages de Condillac sont non-seulement profonds, mais faciles à lire ; et ce dernier avantage surtout, aucun métaphysicien ne l'avait eu avant lui. Il est peu de philosophes chez qui on trouve plus de vérités et moins d'erreurs : aussi, peu de philosophes ont suivi une meilleure méthode, ont plus évité les questions insolubles, ont aimé, ont recherché la vérité avec plus de sincérité.

Sous un extérieur tranquille et froid, Condillac renfermait une ame forte, sensible, capable de passions ; il avait pour le vice ce mépris, cette haine, sans laquelle on se vanterait en vain d'aimer la vertu. Dans le monde il parlait peu ; il avait analysé quelques conversations, et s'était apperçu sans doute, qu'on n'y dit presque jamais que des choses fausses ou vagues, ou qui ne valent pas la peine d'être dites. Mais s'il était grave, silencieux, triste même dans la société générale où son esprit seul devait paraître, il était doux et gai dans la société privée où son ame pouvait se montrer, bienfaisant et capable d'amitié, irréprochable dans toute sa conduite, qui fut constamment ferme et modérée. On ne peut lui reprocher qu'un peu d'humeur, défaut qui s'augmentait avec l'âge et les infirmités, et qui tenait moins à son ame qu'à son temperamment. On voit quelques traces de cette humeur dans ses derniers ouvrages, peut-être même l'a-t-elle quelquefois rendu injuste dans ses jugemens ; mais cette humeur était celle d'un homme vertueux, ami de l'ordre et de la vérité, ennemi de tout ce qui paraissait les blesser. Elle ne rendit malheureux que lui, et l'on doit être indulgent pour les défauts qui ne font de mal qu'à celui qui les a.

Condillac mourut, le 2 août 1780, dans sa terre du Flux près Beaugancy. Peu connu pendant sa vie, il est du petit nombre des hommes supérieurs qui n'ont de justice à attendre que de la postérité. C'est à elle à assigner la place qu'il doit occuper, à confirmer le surnom de *Loke français*, que quelques contemporains lui ont donné.

## BERGER. ( *Bibl. de Guy-Allard.* )

(*Jean-Antoine* BERGER), organiste de l'église cathédrale de Grenoble, né en 1719, mort en 1777, se fit estimer non-seulement par ses talens pour la musique, mais encore par la découverte qu'il fit dans la mécanique des instrumens. Il sut faire rendre à l'épinette, non-seulement le jeu du luth, celui de la harpe, du *forte-piano*, mais encore le *crescendo*, regardé en effet comme impossible à trouver. En 1762, il alla à Paris faire part de sa découverte à l'académie des sciences, qui lui en donna des certificats. Il l'avait adaptée à l'orgue, de manière que, sans appuyer plus ou moins le doigt sur la touche, pour imiter le *piano*, le *forte* ou le *crescendo*, il suffisait que le genou ou le pied pressât un levier où la mécanique correspondait, et alors on avait des sons plus ou moins forts. Le peu de soins qu'on eut à accueillir cette découverte intéressante, l'a peut-être fait perdre pour toujours. Son fils, musicien estimé, n'a rien trouvé après sa mort qui le concernât.

L'épinette perpendiculaire du P. Marin Marsenne lui avait donné l'idée d'ajouter un clavier à la harpe ordinaire ; mais Frique, ouvrier allemand, qui travaillait pour lui, lui enleva sa mécanique et ses plans.

# FIN.

---

## ERRATA.

Page 12, ligne 29, lisez : *domestiques, parce que*, au lieu de *comme*. Idem, *ayant* pour *ayait*. Pag. 15, lig. 23, lisez : *le*, pour *la*. Pag. 19, lig. 2, lisez : *à* pour *de*. Pag. 20, lig. 26, ajoutez *et* au mot *lui. Idem*, lig. 28, lisez : *ne tarde pas à*, au lieu de *de. Idem*, lign. 31, lisez : au lieu de *les*, *et les*. Pag. 21, lisez : *conclue*, au lieu de *conclu. Idem*, lign. 21, au lieu de *soit*, lisez : *et soit*. Pag. 23, lign. 27, lisez : *et d'autres*, au lieu *d'autres*. Pag. 25, lig. 20, lisez : *et sa suite*, au lieu de *sa suite*. Pag. 27, lign. 1, au lieu de : *Mayenne en fait*, lisez : *Mayenne fait. Idem*, lign. 2, lisez : *la place de la Mure*, au lieu de *la place. Idem*, lign. 26, lisez : *an 1581*, pour *1551*. Pag. 45, lig. 23, lisez : *venaissin*, au lieu de *Venaissy. Idem*, lign. 30, au lieu de *perdre à pure perte sa peine*, lisez : *perdre entièrement sa peine*. Pag. 55, lign. 1, au lieu de *Regarde Claix*, lisez : *regarde le pont de Claix*. Pag. 67, lign. 15, au lieu de *qui servant de donjon*, lisez : *ou plutôt de donjon qui*. Pag. 76, au lieu de *Gayiet*, lisez : *Gavi et*.

www.ingramcontent.com/pod-product-compliance
Lightning Source LLC
Chambersburg PA
CBHW072033080426
42733CB00010B/1877